左亦鲁 著

A STUDY ON THE THEORY OF FREE SPEECH

超越"街角发言者"

表达权的边缘与中心

BEYOND "THE STREET CORNER SPEAKER"

社会科学文献出版社
SOCIAL SCIENCES ACADEMIC PRESS (CHINA)

声发自心,朕归于我
——鲁迅《破恶声论》

献给姥姥和姥爷

目 录

导论　边缘与中心 / 001

第一章　内与外：公共对话外的言论与表达 / 012
　1.1　引言 / 012
　1.2　新《广告法》与保护消费者 / 017
　1.3　公共对话之外的言论与表达：广告、学术言论和专业言论 / 036
　1.4　结语 / 055

第二章　政与文：宪法第47条与"二元"表达权保护 / 058
　2.1　引言 / 058
　2.2　横向解读：现行宪法对表达权的保护 / 061
　2.3　纵向解读：表达权宪法保护的历史演变 / 081
　2.4　结语 / 090

第三章　质与器："基于媒介"模式与大众传播时代的表达权 / 092
　3.1　引言 / 092

3.2 两种模式之争:"街角发言者" vs."基于
    媒介" / 094

3.3 "基于媒介"模式的确立:从广播到有线
    电视 / 126

3.4 再次面临选择:网络时代的到来 / 150

**第四章 旧与新:告别"街角发言者"——网络时代的
       表达权 / 172**

4.1 引言 / 172

4.2 前网络时代的表达权:"街角发言者"
    范式 / 175

4.3 网络时代的表达权:告别"街角
    发言者" / 189

4.4 结语:表达自由的"想象力" / 211

第五章 本与变:算法、人工智能与言论 / 215

5.1 引言 / 215

5.2 问题的提出:搜索王案、兰登案和
    百度案 / 218

5.3 问题的展开:算法受表达自由保护吗? / 227

5.4 问题的延伸:发言者本位、听众本位与强人工
    智能的言论 / 246

5.5 结语 / 252

后 记 / 254

导论 边缘与中心

本书研究表达权的一些"边缘"或"边疆"问题。

有边缘就有中心。那么，何为表达权的"中心"？宪法学者欧文·费斯（Owen Fiss）曾将之形象地概括为"街角发言者"（the street corner speaker）范式：在都市热闹的街角，一个人站在肥皂箱上向听众发表他的政治观点。[1]

在费斯看来，绝大多数对表达自由的思考和想象都可被化约成上述模型。有学者曾借助基督教"正典"（canon）的概念，总结法学中那些"被其成员反复运用或提起的、定义了整个学科的一系列标准、文本、进路、问题、范例或故事"。[2]"街角发言者"范式就被认为是表达自由领域的"正典"。[3] 儒家传统中

---

[1] Owen Fiss, "Free Speech and Social Structure", in Owen Fiss, *Liberalism Divided: Freedom of Speech and the Many Uses of State Power*, Westview Press, at 8-30 (1996).

[2] Jack Balkin and Sanford Levinson, "Constitutional Canons and Constitutional Thought", in Jack Balkin and Sanford Levinson eds., *Legal Canons*, New York University Press, at 411 (2000).

[3] Jack Balkin and Sanford Levinson, "Constitutional Canons and Constitutional Thought", in Jack Balkin and Sanford Levinson eds., *Legal Canons*, New York University Press, at 410 (2000).

也有一个与"canon"相近的概念——"经"。"经者，道之常；权者，道之变。"① 作为表达自由的"经"，"街角发言者"自然常居表达自由的"中心"。

"街角发言者"虽然只是一种极简的抽象甚至修辞，但却包含着许多构成表达自由"中心"的概念或元素，大致有如下五个方面。

第一，公共对话（public discourse）。发言者为什么一定要站在闹市街头而不是其他地点？——因为闹市街头是一个低配版的"公共对话"，它满足了对言论"公共性"最起码的要求。在不少人看来，保护表达自由就是保护公共对话。

第二，政治言论的优先性。在"街角发言者"的设定中，发言者在肥皂箱上发表的一定得是政治言论，而不能是他新写的诗或对某部文艺作品的评论。因为表达自由通常被视为一项政治权利，其首要关切也是保护政治言论。当提到表达自由时，相信绝大多数人脑海中浮现出来的也多是对不受欢迎政治观点的保护等高度"政治化"的场景。

第三，重视言论内容（content），并进行"无媒介化"思考。"内容"是表达自由保护的关键词。一方面，表达自由对某类内容——比如政治言论——格外偏爱；另一方面，针对特定内容的审查或限制被视为对表达自由的最大侵犯，对"基于内容"（content-based）规制的

---

① 《朱子语类》卷三七。

禁止被视作表达自由保护的基石。与之相对的是，"媒介"这一因素并不进入表达自由的考察范围：言论出现在什么媒介或平台上？不同媒介是否会对言论产生不同影响？这些问题通常并不占据表达自由思考的"中心"。

第四，对表达自由的经典想象基于印刷时代。站在街角发表演说或散发传单的设定显然源自19世纪末或20世纪初，它代表了对表达自由和公共演说最"古老"和浪漫的想象。但这也导致表达自由思考有"厚古薄今"的倾向。虽然年轻一代已在使用谷歌、脸书、iPhone和微信交流和表达，但经典理论仍是基于前互联网时代的传单和肥皂箱。

第五，与典型、传统的"言论"（speech）最兼容。顾名思义，表达或言论自由保护的是"言论"的自由。因此，无论在理论还是实践上，典型和传统的"言论"——"说话"及其最基本的变形和延伸（如写作、出版等）——都成为对表达自由的思考中最舒适和兼容的区域。与之相对，那些处于灰色地带、非典型的"准言论"和新型"言论"则最令人"难受"和不兼容。

上述五个基本概念和元素可用"内"（公共对话内）、"政"（政治言论）、"质"（言论内容）、"旧"（经典模式）和"本"（典型言论）来总结。它们代表着表达自由的"中心"，但它们并非本书的关注所在。恰恰相反，本书关心的是"外"（公共对话外）、"文"（文化言论）、"器"（言论的媒介）、"新"（互联网时代对经典模式的挑战）和"变"（言论定义的扩展和革命）。

超越"街角发言者"

具体而言,本书对表达自由"边缘"和"边疆"的探索以"内与外"、"政与文"、"质与器"、"旧与新"和"本与变"为题分五章展开。这种探索又分三个维度:水平、纵向和时间。前两章"内与外"和"政与文"是水平层面的拓展,是从公共对话之内拓展到公共对话之外,从政治言论拓展到文化言论;第三章"质与器"是在纵向层面"由表及里",从言论的内容层进入到深层的"基础设施"——言论的媒介;第四、第五章则加入了时间维度,"旧与新"和"本与变"探讨的是时间推移和技术发展对表达自由"中心"的挑战甚至颠覆。

为什么要研究"边缘"和"边疆"?历史地理学者会强调"'边缘'的价值"和"'边地'的主体性"[①]。本书选择表达自由的"边缘"和"边疆",是基于以下三个原因。

首先,边缘问题更缺少关注和研究。相较于长期被聚光灯照射的"中心","边缘"地带往往灯火阑珊甚至一片黑暗。如果把整个表达自由领域想象成一张地图,"中心"就是已勘明区域,它四周的"边缘"则是大片的未勘明地带。这片未勘明区域是什么样的?那里有着怎样的规则和逻辑?它们与"中心"的关系是什么,不同又何在?探索这片"化外之地"有助于我们构建一幅更加完整的表达自由图景。

---

① 参见唐晓峰《"边缘"的价值》,载唐晓峰《新订人文地理随笔》,三联书店,2018,第41~43页;唐晓峰:《"边地"的主体性与多元性》,载唐晓峰《新订人文地理随笔》,三联书店,2018,第313~327页。

其次，认识"边缘"可以帮助我们更好地认识"中心"。"边缘"很多时候是作为相对于"中心"的"他者"被建构出来的。当人们说"边缘"是这样时，往往隐含着"中心"应是那样（或至少不是这样）。元史和新清史研究都是通过边疆视角展开，在一定意义上丰富了人们对"中心"的认识。[1] 近几十年在东北、内蒙古等中国古代文明"边缘"地区的考古发现同样保存着帮助我们理解"中心"的答案。[2] 因此，通过研究"边缘"，作为其对立面的"中心"也会随之变得清晰。

最后，关注"边缘"也是为了反思甚至挑战"中心"。如福柯所言，地理学和空间中同样隐藏着权力。[3] 为什么（以及凭什么）此处是"中心"，而另外一些地方就是"边缘"？过去是"中心"，是否意味着永远是"中心"？当"边缘"的疆域、体量和重要性都发生变化，"中心"和"边缘"是否会发生转移和互换？以及更重要的，别人的"中心"是否就一定是我的"中心"？

抱着上述目的，笔者对每章主要内容安排如下。

---

[1] 相关讨论，参见张志强编《重新讲述蒙元史》，三联书店，2016；葛兆光：《宅兹中国——重建有关"中国"的历史论述》，中华书局，2011；姚大力：《追寻"我们"的根源：中国历史上的民族与国家意识》，三联书店，2018；唐晓峰、姚大力等：《拉铁摩尔与边疆中国》，三联书店，2017；葛兆光、徐文堪等《殊方未远——古代中国的疆域、民族与认同》，中华书局，2016。

[2] 唐晓峰：《"边缘"的价值》，载唐晓峰《新订人文地理随笔》，三联书店，2018，第41页。

[3] Michel Foucault, "Space, Knowledge, and Power", in James D. Faubion ed., *Power: Essential Works of Fcoucault Volume Three*, The New Press, at 349-364 (1994).

一、内与外。"公共对话"一直处于表达自由思考的中心。在一定程度上，保护表达自由就是保护公共对话。这使得公共对话在表达自由中变得"只手遮天"，以至于不少学者认为，公共对话之外的领域就是一片"无人区"或"外太空"——要么不重要，要么压根就不存在。公共对话的逻辑和原则应该贯穿和覆盖整个表达自由。

针对公共对话的"一家独大"，第一章要论证公共对话之外不是一片"不毛之地"——它不仅存在，而且重要。以商业言论、学术言论和律师、会计和医生等人士的专业言论为代表，这些言论都处于公共对话之外，它们的价值是为公共对话和现代社会提供可靠的信息、知识和服务。它们有着完全不同于公共对话的原则、逻辑和正当性基础。公共对话假定的是主体平等，反对内容规制和言论首先服务于发言者自身利益；与之相反，公共对话外的领域则认为公民是弱势主体、允许严格内容规制和表达首先服务于公共利益。如果公共对话是竞技场，参与公共对话的公民是运动员的话，公共对话外的领域就是训练场、健身房和营养中心。两者是相辅相成、互为表里的关系。把公共对话内的逻辑和原则强加于公共对话外的领域，不仅会破坏其运行规律，更会对公共对话产生不利影响。坚持"内外有别"，让"公共对话的归公共对话，非公共对话的归非公共对话"才是最符合表达自由利益的做法。

二、政与文。第二章处理表达自由中政治与文化的关系。本章针对的是表达自由中的"政治中心主义"。这一立场强调在不同种类的言论中，政治言论应受优先保护；同时，整个表达自由保护的正当性也应建立在政治价值或目的上——表达自由之所以应受到保护，是因为它可以实现更好的政治。

本章希望挖掘一个被"政治中心主义"长期遮蔽的维度——表达自由的文化维度。其中包含两层追求。第一，什么是文化言论受保护的正当性？相比政治言论，文化等非政治言论可能才是广大普通公民最愿意、最经常发表的言论。但在政治中心主义那里，它们却至多只能依附于政治言论获得某种间接、"二等"的保护（比如通过提高公民素质为政治讨论做出贡献）。文化言论是否可能拥有某种独立且平等于政治的价值和正当性？第二，是否存在一种从文化角度想象表达自由的可能？换言之，除了政治上的作用和贡献，表达自由是否能够，以及应如何给我们带来一种更好的文化？如果答案是肯定的，这种文化应该是什么样的？表达自由又如何为创造这种文化做出贡献？通过对我国宪法第 47 条的解读，本章对这两个问题试做一初步回答。

三、质与器。第三章讨论"器"——也就是表达自由的媒介。"媒介"并不是传统表达自由思考中的一个变量或因素。如前所述,"街角发言者"是一种真空或无媒介的设定:大家更关心的是表达自由的"质",即"街角发言者"说了什么内容,而不是他在什么样的媒介上发声,以及同样的内容是否会因出现在不同媒介而有所不同。

但随着广播等大众媒体的兴起,媒介变得日益能动和"走上前台"。表达自由的"器"开始对"质"产生越来越大的影响。在此背景下,如何看待"器"的作用和角色?报纸、广播、有线电视和互联网等媒体,它们首先是"发言者"(speaker)还是"媒介"(medium)或者平台?不同媒介是否应适用不同的表达自由标准?当媒体的新闻自由与大众在媒体上发声的表达自由发生冲突,何者优先?第三章的考察历经报纸、广播、有线电视和互联网,总结出因回答上述一系列问题而形成的两条不同道路。实践最终选择了"基于媒介"的模式,它包含"两部曲":首先,广播、有线电视和互联网都被认定为"媒介"而非"发言者";在此基础上,根据不同媒介不同的属性(如广播的频率稀缺性)来确立不同的规制标准和模式。由于被认定成承载不同言论和信息的"公器",这些媒体的首要职责是尽可能广泛、公平地呈现各方声音(而不是首先表达自己),因此当它们的新闻自由与大众的表达自由发生冲突时,前者应服务于后者。

四、旧与新。第四章是第三章的延伸和拓展，也是对前三章内容的总结。本章主要处理互联网时代对经典表达自由范式的挑战，并试图总结出网络时代思考表达自由的新趋势甚至新模式。如前所述，诞生于印刷时代的"街角发言者"范式至今仍主宰和笼罩着人们的大脑。作为一种思考范式和历史叙事，它直到今天还在塑造着人们对表达自由最基本的想象，并确立了表达自由历史和"故事"的叙述方法。但面对今天最新和最能左右表达自由命运的新型争议，它正变得日益无力和失灵。这一"旧"模式具有以下三大特点：1. 政治言论居于表达自由思考和保护的中心；2. "媒介"这一因素没有进入表达自由的思考范围；3. 对表达自由的想象基于美国社会"个人 vs. 政府"的二元关系。

互联网时代则从上述三方面同时对"旧"模式构成挑战。首先，发言者已从"街头"转移到互联网。正如"网络中立"和过滤软件等争论所揭示的，作为表达自由的"基础设施"和媒介，互联网对表达自由的影响日益凸显。其次，"政治中心主义"开始动摇，互联网等新技术为普通人参与文化创造和传播创造了前所未有的机会。最后，"个人—企业—政府"的三角关系开始取代"个人 vs. 政府"的二元关系，成为网络时代表达自由互动和博弈的新形态。上述趋势或许能形成一种新的模式，或许不能，但当务之急是先破后立——只有先告别"街角发言者",才能重新释放出表达自由的想象力。

五、本与变。最后一章回归表达权的一个"元"问题——什么是言论。究竟何为言论?在表达权的实践和理论中,一直存在一种本质主义的倾向——通过明确"言论"的内涵和外延来确定表达权的保护范围。换言之,人们希望能够找到一种对言论的完美定义,可以将所有想保护的包括进去而又把所有不想保护的排除出去。

但表达权的历史也是一部不断扩张的历史。首先,"言论"的内容和种类不断扩张,在政治言论之外,非政治言论、艺术作品、色情文艺、冒犯性言论、虚假事实陈述和仇恨言论等都逐渐被覆盖(coverage)甚至获得保护(protection);[1] 其次,"言论"的形式和边界也不断被颠覆。烧征兵卡、烧国旗、烧十字架、政治捐款、对艺术作品的资助、开发电子游戏甚至制作蛋糕等行为也纷纷被"表达自由化"。实践和理论的发展就像一组同心圆:处于中心的是那些典型言论——"说话"以及由此延伸出的写作、出版等;但随着同心圆一圈圈外扩,"言论"也在不断发生泛化和异化——言论的典型性及其与其他行为的边界也在不断模糊。通过聚焦同心

---

[1] Frederick Schauer, "Categories and the First Amendment: A Play in Three Acts," 34 *Vand. L. Rev.* 265 (1981).

圆的最外层——算法和强人工智能（Strong AI），第五章将梳理"言论"定义的扩张和被颠覆的历史，并从主体要件（机器和程序是否算"人"）和客体要件（机器和程序输出的结果是否算"说话"）两方面来考察两者是否可以被表达权覆盖和保护，并反思传统本质主义的进路在今天是否仍然可行。

本书处理的理论和材料多来自美国。应该承认，在表达权领域，美国拥有着不一定最先进和最有利于言论保护，但可能是最丰富、也最有影响力的理论和实践。我们不应拒斥其中具有的智慧、经验和解释力，但也应意识到其背后生根发芽的独特"水土"。本书可算作一次从中心到边缘的探险，如前所述，这有助于更好地认识中心和"边疆"——我们借此可以获得一种对西方理论和实践更全面的理解；但前文同样曾提到，关注"边缘"往往藏有挑战"中心"之心——尤其是，别人的"中心"是否就一定是我的"中心"？因此，思考属于中国的表达权理论，探索表达权发展的中国道路，是在本书背后激励着我的冲动和情怀。本书也包含了一些这方面的尝试，在第二章"政与文"的主题下，其实埋伏着"中与西"的问题意识。当然，这样的尝试还非常粗浅，也远远不够。在此意义上，本书是一个研究阶段的结束，但更是一个新阶段的开始。

第一章 内与外：公共对话外的言论与表达

1.1 引言

2015年4月24日，全国人大常委会表决通过了新修订的广告法，这是该法自1995年颁布以来的首次修订。这部号称"史上最严广告法"出台后，先于学者和专业人士的分析，最先活跃起来的却是"段子手"。一时间各种关于新广告法的段子充斥着网络和微信朋友圈。

一个流传颇广的段子声称新广告法禁止使用各种"极限词"。

因此，"最佳、最爱、最赚、最优秀、最好、最大、最高级、最高端、最时尚、最流行、最先进以及最新技术"等修饰词都不得在广告中出现。同样被禁的据说还有对"全国第一"、"全网第一"与"排名第一"等"第一"的使用和"国家级"、"国家级产品"、"世界级"、"顶级工艺"、"终极"和"极致"

等与"级"和"极"有关的表述。① 不少网站都整理出了一份所谓的新广告法下"极限词（违禁词）汇总"。② 更"耸人听闻"的是，某些段子说由于"最"和"第一"已经无法使用，各大图书网购平台正在紧急更换"问题"书名：《最好的女子》被改为《×好的女子》，《最后一课》被改成《×后一课》，《第一夫人们》变成了《××夫人们》，甚至连《最高人民法院商事审判指导案例》都要变成《×高人民法院商事审判指导案例》。③

在另外一类段子中，据说新广告法公布后，"文案疯了，创意总监疯了。目前执行中的广告方案全都得改！"④ 既然新广告法中不允许出现"第一"，于是广告文案通通把"第一"改成"第二"。原来"东半球最好用的智能手机"只能变为"我们眼中全球第二好用的智能手机"，而原本"天下第一好吃的鱿鱼干"则必须改为"天下第

---

① 《文案狗 vs 新广告法：快来买吧，再说就违反广告法了》，http://news.sina.com.cn/c/zg/2015-09-01/doc-ifxhkpcu4950719.shtml，最后访问日期：2019 年 4 月 15 日。
② 《新〈广告法〉下广告违禁词汇总》，http://www.js-tm.com/shownews.asp?id=2182&bigclassid=1&smallclassid=4，最后访问日期：2019 年 4 月 15 日。
③ 《新广告法禁极限词涉及书名〈第一夫人〉躺枪成〈××夫人〉》，http://news.163.com/15/0910/15/B35OG24N00014SEH.html，最后访问日期：2019 年 4 月 15 日。
④ 《史上最严广告法来临 随便吹牛的时代过去了吗?》，http://qd.ifeng.com/jinpaicaijing/detail_2015_09/08/4323068_0.shtml，最后访问日期：2019 年 4 月 15 日。

二好吃的鱿鱼干"。①

还有一系列"自首式"广告文案。鉴于新法对产品宣传进行了种种"变态"限制,以美妆产品为例,广告文案只能变成以下形式:美妆种类多到违反广告法,送货速度快到违反广告法,促销价格低到违反广告法,整体销量高到违反广告法。②类似的表述还可以包括"质量好到再说就违法了"或"性能好到不让说"。③

不论上述段子的真假对错,它们之所以能成为流行文化的一部分,一个很重要的原因是它们暗合了大众对新广告法的某种普遍认识。在对谣言的研究中,凯斯·R. 桑斯坦(Cass R. Sunstein)曾指出人们是否会相信一则谣言,很大程度上取决于他们之前既有的想法。④为了降低认知不和谐(cognitive dissonance),人们会倾向于否定与他们深层信念相冲突的信息和言论,而去接受那些与自己既有想法相近的信息。⑤这一结论在很大程度上也

---

① 《新广告法又激活了一批用生命在营销的文案狗》,http://www.linkshoat com.cn/web/archives/2015/332887.shtml,最后访问日期:2019年4月15日。
② 《新广告法又激活了一批用生命在营销的文案狗》,http://www.linkshoat com.cn/web/archives/2015/332887.shtml,最后访问日期:2019年4月15日。
③ 《文案狗 vs 新广告法:快来买吧,再说就违反广告法了》,http://news.sina.com.cn/c/zg/2015-09-01/doc-ifxhkpcu4950719.shtml,最后访问日期:2019年4月15日。
④ 〔美〕凯斯·R. 桑斯坦:《谣言》,张楠迪杨译,中信出版社,2010,第26页。
⑤ 〔美〕凯斯·R. 桑斯坦:《谣言》,张楠迪杨译,中信出版社,2010,第26~27页。

可以用来解释上述段子流行的原因。尽管不少段子其实是对新广告法某些规定的夸张、扭曲甚至"编造",但内容是否真实和分析是否严谨却从不是网民关注的重点。新广告法之所以能够引发一场"网络狂欢"[①],是因为契合了广大民众某种普遍的心理和认知。简单来说,这些段子的背后是这样一种心理和情绪:大家都是成年人,我们不需要新广告法"多管闲事"。在很多人看来,广告是一种表达,新广告法的很多规定是没必要、多余和错位的。这是讽刺和荒诞产生的基础,而各种段子只是迎合和放大了大家的这种感觉。究竟是新广告法错了,还是民众错了?

由于出台时间不长,学界对新广告法的讨论目前尚不算丰富和深入。现有研究多为一些针对此次修订中的热点的"短、平、快"式分析。[②] 但若不以新广告

---

① 对中国互联网上"狂欢"的研究,请见 Li Hongmei, "Parody and Resistance on the Chinese Internet", in David Kurt Herold & Peter Marold ed., *Online Society in China: Creating, Celebrating and Instrumentalising the Online Carnival*, Routledge, at 72 (2011).

② 参见毕克菲《广告代言人的法律责任》,《法制与社会》2016 年第 9 期;杨斌:《屏蔽网页广告行为的违法性浅析》,《法制博览》2016 年第 10 期;纪大柱:《浅谈明星代言虚假广告的法律性质及责任》,《法制博览》2016 年第 7 期;罗士俐:《虚假广告发布者侵权责任机制探讨——兼评新〈广告法〉有关规定之不足》,《嘉兴学院学报》2016 年第 1 期;侯佳敏:《虚假广告荐证者的民事责任新论》,《吉林工商学院学报》2016 年第 1 期;刘乃梁:《广告荐证者不能承受之重——针对〈广告法(修订草案)〉第 39 条第 2 款的思考》,《北京理工大学学报(社会科学版)》2015 年第 5 期;潘丽琴:《浅析新〈广告法〉对未成年人权益的保护》,《法制与社会》2015 年第 29 期。

法颁布为界，法学界近年其实已在广告法和广告规制研究上积累了一定的成果。尤其值得一提的是，一些学者从保护消费者和反不正当竞争的角度出发，强调广告的信息功能，并以此为广告荐证、比较广告和虚假广告等规制的正当性提供了有力论证。[①]但与经济法和民商法学者的进路不同，本章并不打算就广告法谈广告法或是针对某些具体规制展开具体分析：广告法只是本章的一个切入点，言论和表达自由的基本理论问题才是本章的目的所在。本章试图从表达权理论的层面，探讨包括广告、学术言论和专业言论在内的、公共对话之外的表达的逻辑与正当性基础。本章第一节是引言。第二节分析新广告法是如何围绕"保护消费者"进行规制的。第三节则把分析从广告扩展至学术言论和专业言论，并总结出公共对话之外的这三类表达有着怎样的共同逻辑、原则和正当性基础。

[①] 参见李剑《植入式广告的法律规制研究》，《法学家》2011年第3期；姚海放：《论信息规制在广告法治中的运用》，《政治与法律》2010年第5期；于林洋：《论广告法视野下虚假荐证责任制度之重构——"三鹿门"事件下的追问与反思》，《法商研究》2009年第3期；宋亚辉：《广告荐证人承担连带责任的司法认定——针对〈广告法（修订征求意见稿）〉第60条的研究》，《现代法学》2009年第5期；曾咏梅：《论商业广告代言人的法律责任》，《中国人民大学学报》2009年第1期；应飞虎、葛岩：《软文广告的形式、危害和治理——对〈广告法〉第13条的研究》，《现代法学》2007年第3期；于剑华：《商业广告中出演者的民事责任问题——来自日本法的启示》，《法学》2006年第8期；张守文：《消费者的获取信息权及其法律保护》，《中外法学》1996年第1期。

1.2 新《广告法》与保护消费者

1.2.1 内容规制与保护消费者

内容是本次广告法修订的重点。在2014年8月25日的人大常委会上,国家工商管理总局负责人介绍了此次修订的主要内容。[①] 本次修订集中在以下四个方面。第一,对广告内容进一步做出严格规定。这包括补充完善原有对药品、医疗器械、农药、兽药、烟草等广告的规定,以及大量新增的对教育、培训、招商、房地产、保健食品、饲料、种子、种畜禽、水产苗种等类型广告的规定。[②] 第二,进一步明确广告主、广告经营者、广告发布者和广告荐证者等主体的责任和义务,并增加了对广告荐证者的行为规范。[③] 第三,首次定义了构成虚假广告的四种情形。[④] 第四,提高法律责任的可操作性和震慑力。[⑤]

在上述四类修订中,绝大多数都与广告内容有关。第一类自不必说,无论是对已有规定的补充完善还是新增加的类

[①] 《关于〈中华人民共和国广告法(修订草案)〉的说明》,载郎胜主编《中华人民共和国广告法释义》,法律出版社,2015,第182~185页。
[②] 《关于〈中华人民共和国广告法(修订草案)〉的说明》,载郎胜主编《中华人民共和国广告法释义》,法律出版社,2015,第183~184页。
[③] 《关于〈中华人民共和国广告法(修订草案)〉的说明》,载郎胜主编《中华人民共和国广告法释义》,法律出版社,2015,第184页。
[④] 《关于〈中华人民共和国广告法(修订草案)〉的说明》,载郎胜主编《中华人民共和国广告法释义》,法律出版社,2015,第184页。
[⑤] 《关于〈中华人民共和国广告法(修订草案)〉的说明》,载郎胜主编《中华人民共和国广告法释义》,法律出版社,2015,第184~185页。

型，都直接针对广告内容。第二类修订虽针对广告主体，但也首次明确要求"广告主应对广告内容的真实性负责"①。第三类修订针对虚假广告，其中所列的四种属于虚假广告的情形均系对广告内容的直接规范。② 第四类对法律责任的修改，多数也是针对广告内容的违法情形。新广告法还特意把第二章的名字从"广告准则"改为"广告内容准则"，从而更明确表明此章一系列规定均是针对内容的。

内容不仅是本次修法的重点，而且正如网络段子所反映的，这也是公众对新广告法最关注（或不理解）的地方。更重要的是，内容在表达自由的思考中一直是一个"敏感词"。基于内容的规制通常被视为是最不可接受的。借用美国著名宪法学者罗伯特·波斯特（Robert Post）的说法，禁止基于内容的规制是表达自由保护的"基石"。③ 新广告法何以"敢冒天下之大不韪"而包含

---

① 《广告法》（2015）第 4 条："广告不得含有虚假或者引人误解的内容，不得欺骗、误导消费者。广告主应当对广告内容的真实性负责。"后文所引法条，除特殊注明外，皆引自 2015 年修订的《广告法》。
② 《广告法》第 28 条："广告以虚假或者引人误解的内容欺骗、误导消费者的，构成虚假广告。广告有下列情形之一的，为虚假广告：（一）商品或者服务不存在的；（二）商品的性能、功能、产地、用途、质量、规格、成分、价格、生产者、有效期限、销售状况、曾获荣誉等信息，或者服务的内容、提供者、形式、质量、价格、销售状况、曾获荣誉等信息，以及与商品或者服务有关的允诺等信息与实际情况不符，对购买行为有实质性影响的；（三）使用虚构、伪造或者无法验证的科研成果、统计资料、调查结果、文摘、引用语等信息作证明材料的；（四）虚构使用商品或者接受服务的效果的；（五）以虚假或者引人误解的内容欺骗、误导消费者的其他情形。"
③ 〔美〕罗伯特·波斯特：《民主、专业知识与学术自由：现代国家的第一修正案理论》，左亦鲁译，中国政法大学出版社，2014，第 14 页。

如此多针对内容的规定?

本部分将论证,新广告法针对内容的诸多限制并非"多管闲事";相反,这些修订是基于非常正当合理的价值——保护消费者。在此,保护广大消费者——数以亿计的普通公民——这一公共利益压倒了广告主、广告经营者和广告发布者们的利益。"保护消费者"(而非广告主的利益和表达)才是正确理解新广告法的出发点。

新广告法"保护消费者"的理念从第 1 条就开始体现。从法律解释的角度看,法律的第 1 条通常用来宣示立法的目的和意义。[①] 从普通人的阅读经验和常识来说,放在开头的内容总有它的道理,通常第 1 条会比第 2 条重要,放在前面的比放在后面的重要。本次广告法修订的主旨正体现在第 1 条中,其规定如下:

"为了规范广告活动,保护消费者的合法权益,促进广告业的健康发展,维护社会经济秩序,制定本法。"

对比一下,旧广告法第 1 条则是:

"为了规范广告活动,促进广告业的健康发展,保护消费者的合法权益,维护社会经济秩序,发挥

---

① 梁慧星:《民法解释学》,中国政法大学出版社,2003,第 217~221 页。

019

广告在社会主义市场经济中的积极作用,制定本法。"①

很明显,新旧广告法的第 1 条有两点不同。首先,立法目的从五个变为四个,删去了表述不甚明确并与另外四点存在重叠的"发挥广告在社会主义市场经济中的积极作用"。但更重要的是,新广告法第 1 条把"保护消费者的合法权益"摆在了"促进广告业的健康发展"之前。"保护消费者合法权益"被移到了第二位,位于"规范广告活动"之后。如果说"规范广告活动"是对广告法立法目的一般性、抽象性的描述,"保护消费者的合法权益"和"促进广告业的健康发展"却都有实质和明确的指向。这一调整对理解新广告法至关重要,可被视作新广告法的"文眼"。

简单来说,"保护消费者"和"促进广告业的健康发展"是多数与少数、整体与局部的关系。《消费者权益保护法》(以下也简称作"消法")将消费者定义为"为生活消费需要购买、使用商品或者接受服务"的人。② 无论从定义还是日常生活经验出发,"为生活消费需

---

① 《广告法》(1995) 第 1 条, 旧广告法全文请见: http://www.pkulaw.cn/fulltext_ form. aspx? Db = chl&Gid = 10461&keyword = % E5% B9% BF% E5%91%8A%E6%B3%95&EncodingName =&Search_ Mode = accurate, 最后访问日期: 2019 年 4 月 15 日。
② 《消费者权益保护法》(2013) 第 2 条: "消费者为生活消费需要购买、使用商品或者接受服务, 其权益受本法保护; 本法未作规定的, 受其他有关法律、法规保护。"

要购买、使用商品或者接受服务"几乎是我们每个人天天都会遇到的情境——在现代商业社会,几乎人人都是消费者。消费者就是"我们人民"在不同语境下的另一个名字。"保护消费者"其实就是保护成千上万与你我一样的普通公民。

但"促进广告业的健康发展"则针对特定行业和群体。在旧广告法中,把"促进广告业的健康发展"排在"保护消费者的合法权益"之前,这隐含着立法者更看重广告业作为一个产业在服务生产、引导消费、推动经济增长等方面经济作用的寓意。换言之,旧广告法中广告业的利益压倒了消费者的利益。但新广告法通过颠倒两者顺序,重塑了两者的关系。通过前移"保护消费者的合法权益",新广告法明确了人民作为消费者所享有的利益才是法律所保护的最高利益。可以说,新广告法从一部"广告促进法"变成了"消费者权益保护法"。

"保护消费者"需要放到一个更大的背景中去理解:为什么要保护消费者?这是因为广大消费者在现代社会和商业交易中的弱势地位。在现代社会中,伴随着技术和商业的不断发展,买卖早已不是以物易物那般简单。传统"买者自慎"(*caveat emptor*)原则所想象的买卖双方地位对等和信息对称已不复存在。且不说购买大型仪器或复杂电子产品,就是在选择牙膏和牛奶时,又有几人敢说自己能从琳琅满目的商品和花样繁多的配方中一眼看穿本质?消费者在选择与他们生活息息相关的商品或服务时，多数时候都缺乏足够的知识、信息或训练去做出明智的判断。很多对消费心理学的研究都会强调消费者的非理性和情感性——他们"大多缺乏专门的甚至是必要的商品知识，对商品质量、性能、价格、使用方法、维修、保养乃至市场行情不甚了解……只能根据个人好恶和感觉作出购买决策，因此，易受情感因素、企业广告宣传和促销活动的影响。"① 而近年对消费者行为分析的日益增多和深入，也使我们对消费者决策时的不理性和局限有了更多认识。② 此外，消费者的弱势是贯穿整个买卖过程始终的。在购买前，他们不具备足够的知识、信息和经验做出判断；而购买后如果发生问题，单枪匹马的消费者又缺少充分的资源维权。每年央视"3·15"晚会就是最好的例子。在法律已经做出倾斜性保护并且存在消协等消费者组织的前提下，一些侵犯消费者权益的行为仍旧只有靠国家电视台一年一度的集中曝光才能得到救济，这更凸显出消费者整体的弱势和无助。

因此，法律没有把消费者和经营者之间的关系认定为平等，而是给予消费者更多的倾斜和保护。《消费者权益保护法》就格外强调"国家保护消费者的合法权益不受侵害"③ 和"保护消费者的合法权益是全社会的

---

① 刘军、王砥编《消费心理学》，机械工业出版社，2016，第138页。
② 参见〔美〕迈克尔·所罗门等《消费者行为学》，杨晓燕等译，中国人民大学出版社，2015，第187~212页。
③ 《消费者权益保护法》（2013）第5条："国家保护消费者的合法权益不受侵害。国家采取措施，保障消费者依法行使权利，维护消费者的合法权益。国家倡导文明、健康、节约资源和保护环境的消费方式，反对浪费。"

共同责任"①,并用单独一章对前者进行规定。整部《消费者权益保护法》在"消费者的权利"之外只有"经营者的义务"的章节,章节设置上似乎也并不符合权利与义务对等这一原则。而像第55条"三倍赔偿"②等规定,更是对消费者特殊保护的具体体现。这种保护也频频出现在其他法律中。比如,2015年最新修订的《食品安全法》第148条确立的"首负责任制"和"惩罚性赔偿"③,以及《侵权责任法》第五章"产品责任"中第41条的"无过错责任"④和第47条"惩罚性赔偿"⑤的规

---

① 《消费者权益保护法》(2013)第6条:"保护消费者的合法权益是全社会的共同责任。国家鼓励、支持一切组织和个人对损害消费者合法权益的行为进行社会监督。大众传播媒介应当做好维护消费者合法权益的宣传,对损害消费者合法权益的行为进行舆论监督。"

② 《消费者权益保护法》(2013)第55条:"经营者提供商品或者服务有欺诈行为的,应当按照消费者的要求增加赔偿其受到的损失,增加赔偿的金额为消费者购买商品的价款或者接受服务的费用的三倍;增加赔偿的金额不足五百元的,为五百元。法律另有规定的,依照其规定。经营者明知商品或者服务存在缺陷,仍然向消费者提供,造成消费者或者其他受害人死亡或者健康严重损害的,受害人有权要求经营者依照本法第四十九条、第五十一条等法律规定赔偿损失,并有权要求所受损失二倍以下的惩罚性赔偿。"

③ 《食品安全法》(2015)第148条:"消费者因不符合食品安全标准的食品受到损害的,可以向经营者要求赔偿损失,也可以向生产者要求赔偿损失。接到消费者赔偿要求的生产经营者,应当实行首负责任制,先行赔付,不得推诿;属于生产者责任的,经营者赔偿后有权向生产者追偿;属于经营者责任的,生产者赔偿后有权向经营者追偿。生产不符合食品安全标准的食品或者经营明知是不符合食品安全标准的食品,消费者除要求赔偿损失外,还可以向生产者或者经营者要求支付价款十倍或者损失三倍的赔偿金;增加赔偿的金额不足一千元的,为一千元。但是,食品的标签、说明书存在不影响食品安全且不会对消费者造成误导的瑕疵的除外。"

④ 《侵权责任法》(2010)第41条:"因产品存在缺陷造成他人损害的,生产者应当承担侵权责任。"

⑤ 《侵权责任法》(2010)第47条:"明知产品存在缺陷仍然生产、销售,造成他人死亡或者健康严重损害的,被侵权人有权请求相应的惩罚性赔偿。"

定也是基于同样的原则。《最高人民法院关于民事诉讼证据的若干规定》中对产品责任产生的侵权诉讼中举证责任倒置的规定,[①] 则是从另一角度来实现对弱者的保护。正是基于消费者的弱势地位,现代社会需要构建一整套法律体系来实现对其的保护,而广告法则是其中重要的一环。

1.2.2 新广告法的"纲":保护消费者不受欺骗和误导

广告法保护了消费者的什么权益?一言以蔽之,广告法保护消费者不受虚假广告的欺骗和误导。纲举目张,"不得欺骗和误导消费者"就是理解新广告法的"纲"。

以"消费者"为关键词在新广告法中进行检索,会发现"消费者"共出现于5个法条中,共计15处。除第1条外,"消费者"均出现在如下语境——"不得欺骗和误导消费者"。最典型的是第4条:"广告不得含有虚假或者引人误解的内容,不得欺骗、误导消费者……"第14条第1款也规定:"广告应当具有可识别性,能够使消费者辨明其为广告。"此外,第28条明确了五种"广告以虚假或者引人误解的内容欺骗、误导消费者的,构成

[①] 《最高人民法院关于民事诉讼证据的若干规定》(2002)第4条:"下列侵权诉讼,按照以下规定承担举证责任:……(六)因缺陷产品致人损害的侵权诉讼,由产品的生产者就法律规定的免责事由承担举证责任;……"

虚假广告"的情形。① 而第54条②和第56条③分别规定了当消费者受到虚假广告侵害时，消费者协会和消费者组织以及广告主、广告经营者、广告发布者和广告代言人等主体的义务和责任。

围绕着"保护消费者不受欺骗和误导"，新广告法主要从以下三个方面展开保护。

第一，新广告法首次引入了"不得引人误解"的规定。旧广告法第4条只要求"广告不得含有虚假的内容"，新广告法将之改为"广告不得含有虚假或者引人误

---

① 《广告法》第28条："广告以虚假或者引人误解的内容欺骗、误导消费者的，构成虚假广告。广告有下列情形之一的，为虚假广告：（一）商品或者服务不存在的；（二）商品的性能、功能、产地、用途、质量、规格、成分、价格、生产者、有效期限、销售状况、曾获荣誉等信息，或者服务的内容、提供者、形式、质量、价格、销售状况、曾获荣誉等信息，以及与商品或者服务有关的允诺等信息与实际情况不符，对购买行为有实质性影响的；（三）使用虚构、伪造或者无法验证的科研成果、统计资料、调查结果、文摘、引用语等信息作证明材料的；（四）虚构使用商品或者接受服务的效果的；（五）以虚假或者引人误解的内容欺骗、误导消费者的其他情形。"
② 《广告法》第54条："消费者协会和其他消费者组织对违反本法规定，发布虚假广告侵害消费者合法权益，以及其他损害社会公共利益的行为，依法进行社会监督。"
③ 《广告法》第56条："违反本法规定，发布虚假广告，欺骗、误导消费者，使购买商品或者接受服务的消费者的合法权益受到损害的，由广告主依法承担民事责任。广告经营者、广告发布者不能提供广告主的真实名称、地址和有效联系方式的，消费者可以要求广告经营者、广告发布者先行赔偿。关系消费者生命健康的商品或者服务的虚假广告，造成消费者损害的，其广告经营者、广告发布者、广告代言人应当与广告主承担连带责任。前款规定以外的商品或者服务的虚假广告，造成消费者损害的，其广告经营者、广告发布者、广告代言人，明知或者应知广告虚假仍设计、制作、代理、发布或者作推荐、证明的，应当与广告主承担连带责任。"

解的内容"。换言之，旧广告法只要求不能造假，而新广告法则变成了"不得造假"和"不得引人误解"的双重要求。虚假和引人误解是两回事。假的对立面是真，造假就是欺骗，因此"不得虚假"是对内容真实性的要求。

相信绝大多数人对惩治欺骗和造假应没有异议。大家的不理解主要集中在"不得引人误解"上面。"引人误解"的内容不一定是假的，既然广告没有通过造假去欺骗消费者，再要求"不得引人误解"的正当性何在？保护弱势消费者就是答案。正是考虑到消费者在决策时的局限、外行和"无知"，仅有对内容真实性的要求是不够的。语言和画面是丰富和有魔力的，同样真实的内容完全可能因表达和传播的不同而具有完全不同的效果。真实（或者不虚假）的广告同样可以通过画面剪辑和语言表述来"忽悠"消费者。在大家生活中最常见到的广告中，真正敢于赤裸裸造假和欺骗的并不算太多；但试图通过各种猫腻、擦边球和障眼法"误导"消费者的却屡见不鲜。[①] 这才是民众最可能"中招儿"的地方。

相信大家都在牙膏等广告中见过这样的场景：在一个明亮、干净、先进的实验室里，一位身着白大褂看起来像医生或科研人员的人士会通过显微镜向你介绍保护牙齿的重要性和某款牙膏的功效。整个场景的布置，光线的设计，各种数据和仪器，以及主角身上的白大褂和

[①] 2015年11月，原国家工商总局通报了新广告法颁布以来的12起典型违法案件，其中绝大多数均属此类，http://www.saic.gov.cn/jgzf/zzwfgg/201511/t20151117_164040.html，最后访问日期：2019年4月15日。

第一章　内与外：公共对话外的言论与表达

可靠的微笑，都在营造一种科学和专业范儿。广告中不会明确表明这是哪家医院的医生或是哪家科研机构的研究人员，但整部广告只有一个目的：让人以为这款产品有"专业人士"的推荐从而选择购买。

还有那些以讲座或谈话节目形式出现的广告。在此类广告中，台上一般坐着主持人和一两位"专家"，台下还会配有一批"观众"。整个"节目"的主题一般与医疗、保健或养生有关，比如腰椎间盘突出、高血压、中老年缺钙或减肥瘦身。过程中会有"观众"提问，结合自己的"病情"向台上"专家"请教。而"专家们"也会从病理和根源说起，结合自己多年的经验，娓娓道来，循循善诱，最终在不经意间抛出"撒手锏"——推荐某款保健品或医疗养身器械。还有各种打着国庆、某位开国领袖诞辰整数年或反法西斯胜利阅兵等事件的旗号销售的纪念品和"收藏品"。此类广告通常采取"主持人+收藏或鉴赏专家"的搭配，强调限量多少套发售。由"专家"大讲特讲这套纪念品的工艺和收藏价值，并且明示或暗示未来具有很大的升值空间，此时广告中会辅以此起彼伏的电话铃声，营造出"欲购从速"的紧张氛围。

这些广告可能并不含有假的信息，但其呈现的形式和方式——白大褂、显微镜、实验室、专家、讲座等——却可能使缺乏判断力的消费者产生误解，使他们误以为这些商品得到了专业人士或专业机构的"背书"。倘若这些"引人误导"的广告只出现在日用品领域也就罢了，毕竟买错牙膏和洗发水多数时候闹不出人命。但以国家市场监督管理总局公布的《2018年典型虚假违法互联网广告案件》为例，该文件基本涉及的都是医疗、房地产、食品、美容仪器、教育、投资等领域。① 换言之，违法广告的重灾区恰恰是医疗保健这些"人命关天"的领域。也许有人认为自己拥有洞悉这些猫腻的"火眼金睛"，甚至潜意识里认为被此类广告蒙蔽的消费者和中奖短信的受害者一样不值得同情。民众中的确可能有人拥有较高的鉴别力，但也必须看到很多人并不具备这种能力。更重要的是，消费者作为一个整体在面对广告主时的弱势不是靠几个精明、专业的个人就可以扭转的。因此，通过增加"不得引人误解"的要求而对消费者提供更多的保护就显得尤为重要。

第二，新广告法致力于斩断因"背书"而产生的欺骗和误导。这首先体现在对"最"和"级"等用语的限制上。先要澄清一点，对"国家级"、"最高级"和"最佳"等用语的限制并非新法所加，原广告法第7条中对此早有规定。② 新广告法只是把原来对使用国旗、国徽和国歌的禁止，扩展至"军旗、军歌、军徽"。而网上流传

---

① 《国家市场监督管理总局公布2018年典型虚假违法互联网广告案件》，http://www.gov.cn/xinwen/2018-07/20/content_5307983.htm，最后访问日期：2019年4月15日。
② 《广告法》（1995）第7条："广告内容应当有利于人民的身心健康，促进商品和服务质量的提高，保护消费者的合法权益，遵守社会公德和职业道德，维护国家的尊严和利益。广告不得有下列情形：（一）使用中华人民共和国国旗、国徽、国歌；（二）使用国家机关和国家机关工作人员的名义；（三）使用国家级、最高级、最佳等用语……"

的所谓"禁用词名单"①中的词语,其实很多也没有出现在规定中。新广告法第9条主要禁止三方面的内容②:一是对国家标志和军队标志的使用或变相使用;二是对国家机关和国家机关工作人员名义或形象的使用或变相使用;三是对"国家级"、"最高级"和"最佳"等用语的使用。不管是国旗、国歌、国家机关工作人员还是"国家级"的用语,一旦广告中宣传的商品或服务与这些带有国家象征的标志或用语联系起来,就会给人以国家或政府为该商品"背书"的错觉。而"最高级"和"最佳"等极限词也容易误导分辨力和判断力不高的消费者。

其次,新广告法第14条第2款还要求"大众传播媒介不得以新闻报道形式变相发布广告。通过大众传播媒介发布的广告应当显著标明'广告',与其他非广告信息相区别,不得使消费者产生误解。"这同样是为了避免因"背书"而产生的误解和误导。在普通民众的认知中,新闻报道往往代表着客观、中立,因此他们容易认为"假新闻"中的商品或服务获得了新闻媒体的"背书"——这些商品或服务是在被媒体"客观"地介绍和推荐,而不是厂家的自卖自夸。与之类似的还有前面提到过的

---

① 《新〈广告法〉下广告违禁词汇总》,http://www.js-tm.com/shownews.asp?id=2182&bigclassid=1&smallclassid=4,最后访问日期:2019年4月15日。
② 《广告法》第9条第(四)~(十一)项对泄露国家秘密、妨碍社会安定、泄露个人隐私、淫秽色情、暴力恐怖等内容的禁止不在本章讨论范围之内。

"假讲座，真广告"[1]。

再次，新广告法中首次出现的对广告代言人[2]的限制也是针对"背书"。比如第38条第1款要求代言人必须"依据事实"，不得为"其未使用过的商品或者未接受过的服务作推荐、证明"。[3] 同时，新广告法还全面禁止自然人、法人和组织代言医疗、药品、医疗器械、保健食品等广告，以及专业人士或机构为教育培训、投资、农药、兽药和饲料等广告作推荐证明。正如下面将要分析的，之所以新广告法在这些领域禁止自然人和法人组织进行广告荐证，是因为这些领域的相对专业性和不透明会使消费者的"无知"和弱势格外突出。

最后，新广告法中对广告引用内容的规定也应放到此背景下予以审视。新广告法第11条第2款要求"广告使用数据、统计资料、调查结果、文摘、引用语等引证内容的，应该真实、准确，并表明出处。引证内容有适用范围和有效期限的，应当明确表示。"此处对广告中引用内容的要求，已十分接近学术论文中对注释的要求。而正如下一节将要解释的，这种相似其实并非巧合，这

---

[1] 《广告法》第19条："广播电台、电视台、报刊音像出版单位、互联网信息服务提供者不得以介绍健康、养生知识等形式变相发布医疗、药品、医疗器械、保健食品广告。"

[2] 《广告法》第2条将"广告代言人"定义为："广告主以外的，在广告中以自己的名义或者形象对商品、服务作推荐、证明的自然人、法人或者其他组织。"

[3] 《广告法》第38条第1款："广告代言人在广告中对商品、服务作推荐、证明，应当依据事实，符合本法和有关法律、行政法规规定，并不得为其未使用过的商品或者未接受过的服务作推荐、证明。"

表明学术规范与广告内容规制在内在逻辑上本就是一致的。

第三，对保健品、养生、教育培训、投资和房地产等"重灾区"广告的规范。对此五类广告的规定均为本次新增。对保健食品这一违法广告的重灾区，新广告法第18条的规定十分详细：（1）不得含有表示功效、安全性的断言或者保证；（2）不得涉及疾病预防和治疗功能；（3）不得声称或暗示广告商品为保障健康所必需；（4）不得与药品、其他保健食品进行比较；（5）不得利用广告代言人做推荐、证明。同时，还应在显著位置标明"本品不能代替药物"①。新广告法也一并禁止了以养生讲座的形式来变相销售药品、保健食品和医疗器械的行为。② 对教育培训类广告，新广告法要求不得对升学、考试通过率等做出明示或暗示的承诺，以及明示或暗示有考试机构人员或命题人参与教育培训。③ 招商等投资类广告则不得对未来效果和收益做出保证，或者承诺保本、无风

---

① 《广告法》第18条："保健食品广告不得含有下列内容：（一）表示功效、安全性的断言或者保证；（二）涉及疾病预防、治疗功能；（三）声称或者暗示广告商品为保障健康所必需；（四）与药品、其他保健食品进行比较；（五）利用广告代言人作推荐、证明；（六）法律、行政法规规定禁止的其他内容。保健食品广告应当显著标明'本品不能代替药物'。"

② 见《广告法》第19条。

③ 《广告法》第24条："教育、培训广告不得含有下列内容：（一）对升学、通过考试、获得学位学历或者合格证书，或者对教育、培训的效果作出明示或者暗示的保证性承诺；（二）明示或者暗示有相关考试机构或者其工作人员、考试命题人员参与教育、培训；（三）利用科研单位、学术机构、教育机构、行业协会、专业人士、受益者的名义或者形象作推荐、证明。"

险或保收益等。① 而在房地产广告中，除了要求面积必须用建筑面积或套内面积来表示，新广告法还禁止"以项目到达某一具体参照物的所需时间表示项目位置"，以及"对规划或者建设中的交通、商业、文化教育设施以及其他市政条件作误导宣传"。② 这意味着类似"距离天安门××分钟"和"紧邻即将开通×号线地铁站"等极度吸引眼球但也极易暗藏猫腻的广告语，将很难再"蛊惑人心"。除上述新增规定外，新广告法还进一步严格了对药品、医疗器械、农药、兽药、饲料、饲料添加剂、种子、水产苗种和养殖等广告的规定。③

新广告法之所以在这些领域做出如此细致严格的规定，仍是出于"保护消费者不受欺骗和误导"的目的。与日用品相比，绝大多数公民在面对药品、医疗器械、保健品、金融投资或者农药、种子和饲料时，更加缺乏足够知识、信息和训练去进行比较和决策。虽然百度竞价排名是否算广告仍是一个值得讨论的问题，但"魏则

---

① 《广告法》第25条："招商等有投资回报预期的商品或者服务广告，应当对可能存在的风险以及风险责任承担作合理提示或者警示，并不得含有下列内容：（一）对未来效果、收益或者与其相关的情况作出保证性承诺，明示或者暗示保本、无风险或者保收益等，国家另有规定的除外；（二）利用学术机构、行业协会、专业人士、受益者的名义或者形象作推荐、证明。"
② 《广告法》第26条："房地产广告，房源信息应当真实，面积应当表明为建筑面积或套内建筑面积，并不得含有下列内容：（一）升值或者投资回报的承诺；（二）以项目到达某一具体参照物的所需时间表示项目位置；（三）违反国家有关价格管理的规定；（四）对规划或者建设中的交通、商业、文化教育设施以及其他市政条件作误导宣传。"
③ 见《广告法》第15、第16、第17、第18、第21和第27条。

第一章 内与外：公共对话外的言论与表达

西事件"[①]却将普通公民在医疗等专业领域的脆弱和无助暴露无遗。医生在购买医疗器械和保健品时或许能做出相对明智的决定，但他们在购买理财产品时却同样可能一筹莫展；同样，教师或许能够一眼识破教育培训广告中的猫腻，但却可能在买房时被搞得晕头转向。消费者可能由于自己的工作或专业而熟悉某些领域或产品，但没有人可以精通所有领域。消费者作为一个整体在面对商品和服务提供者时，永远处于弱势的地位。让人们凭着神农尝百草的精神挨个试用一遍显然不现实。更何况产品评测同样专业性要求很高，很多产品就是让消费者挨个用一遍也无法判断其好坏。因此，广告就成了普通公民获取信息和做出决定的重要来源和依据。很多时候，广告所携带的信息是他们在黑暗中唯一的光。虽然再严格的广告法也不可能让消费者和厂商在信息和知识上实现平等，但广告法的目的就是尽可能地减少这种差距和不平等。这是一种"只有……才"而不是"只要……就"的关系：我们无法保证只要所有广告都真实且不引人误解，消费者就可以做出明智的选择；但我们知道如果做不到前者，后者将永远无法实现。

上述规制广告的思路并非中国广告法独有。这同样也

[①] 魏则西生前系西安电子科技大学学生，因患滑膜肉瘤于2016年4月12日去世。根据他去世前在知乎撰写的治疗经历，他选择就诊医院和治疗方案主要是通过百度搜索，而事后证明医院相关诊室和所谓生物免疫疗法并不可靠，由此引发公众对百度竞价排名和医疗广告的关注和讨论。

是美国"商业言论原则"(commercial speech doctrine)的基础。在1976年的弗吉尼亚药剂委员会诉弗吉尼亚消费者保护协会案(Virginia State Board of Pharmacy v. Virginia Citizens Consumer Council, Inc.,以下简称"弗吉尼亚药剂委员会案")中,美国最高法院第一次确立了保护广告的正当性基础:

> 广告……无论如何都是在传播信息,关于谁在生产和销售产品,销售的原因和价格。只要我们希望拥有自由的商业经济,那么资源配置在很大程度上就要通过私人的经济决策。为了公共利益,我们希望这些决策总体而言是明智的。因此,商业信息的自由流动(free flow of information)便不可少……既然这些信息对自由商业体制中的资源配置不可或缺,那么它们对于如何形成管理和改变这一体制的意见同样必不可少。因此,即使第一修正案的主要作用是启迪民主制下的公共决策,我们也不能说信息的自由流动无法服务这一目标。[①]

弗吉尼亚药剂委员会案的意义有两点:第一,它首次把"信息的自由流动"作为保护广告的正当性基础,换言之,只有能够促进信息自由流动的商业言论方可受

---

① 425 U. S. 748 (1976).

到保护；第二，它像一把双刃剑，在赋予商业广告保护的同时，也明确要求广告必须首先服务于公共利益——通过促进信息的自由流动，帮助公民和社会做出更明智的决策。在美国第一修正案理论中，长期以来存在着"公/私言论"的二分法。[①] 经过弗吉尼亚药剂委员会案，商业言论摇身一变由姓"私"变为姓"公"。在1980年的中央哈德逊诉公共服务委员会案（Central Hudson v. Public Service Commission）中，最高法院又进一步明确了广告必须"使公众知情"（inform the public）和具备"信息功能"（informational function）。[②]

不管是"促进信息自由流动"、"使公众知情"还是"信息功能"，它们和"保护消费者"说的其实是同一回事：要求广告不得欺骗和误导消费者，即要求广告内容必须真实、准确、清楚和明白。这也正是广告能够"促进信息自由流动"、具备"信息功能"和"使公众知情"的前提和基础。新广告法和商业言论原则的共同之处在于：它们都明确广告必须首先服务于公共利益，只有服务于公共利益的广告才能受到保护；而为了让广告能够更好地服务于公共利益，对广告进行规制就是合理正当的。

[①] See David Rabban, "The First Amendment in Its Forgotten Years", 90 *Yale L. J.* 514 (1980).
[②] 447 U. S. 557 (1980).

1.3 公共对话之外的言论与表达：广告、学术言论和专业言论

结束对广告法的分析，本部分将转向对表达权基础理论的思考。公众对新广告法的调侃和不理解，很大程度上源自表达自由思考中的"公共对话中心主义"：把人类表达交流的领域想象成铁板一块，习惯把公共对话的逻辑和原则适用到一切问题上去。殊不知在公共对话之外，还存在着一片非公共对话或外公共对话的领域，除了广告，这其中还包括学者的学术言论以及律师、医生和会计师等专业人士的专业言论。

新广告法像一颗照明弹，使人得以一窥公共对话外的领域。正如下文将要论证的，广告、学术言论和专业言论的价值是为公共对话和现代社会提供可靠的信息、知识和服务，它们应该有着完全不同于公共对话的逻辑、原则和正当性基础。如果把公共对话的原则强加于这些领域，则不仅会破坏其自身规律，更会对公共对话和现代社会的正常运作产生不利影响。

1.3.1 公共对话与超越"公共对话中心主义"

如前所述，我们表达交流的领域可被分成两个子领域：公共对话和公共对话外的领域。根据哈贝马斯的定义，公共对话是指"我们社会生活的一个领域，在这个

领域中,像公共意见这样的事物能够形成。公共领域原则上向所有公民开放……在这些对话中,作为私人的人们来到一起,形成了公众。"① 在公共对话中,参与主体是平等的个体,主要适用表达自由的原则和逻辑。② 这是人们最关注和熟悉的领域。不只是专家和学者,很多老百姓也深谙公共对话中的权利话语和思考模式。经过三十多年国家层面的普法宣传和好莱坞电影、美剧以及法治通俗读物潜移默化的影响,公共对话和表达自由的精神与话语早已深入人心。民众不需要知道有几种主要的表达自由理论的脉络,也不需要跟踪各国法院近年的判决,很多人甚至连"公共对话"这个词都未听说过,但这并不妨碍他们心中对此拥有一个朴素的、简化版的理解。在面对问题时,"这是不是侵犯了言论自由"已经成为普通民众思维和日常话语的一部分。新广告法之所以催生了如此多的段子和反对之声,一个重要原因就是其违背了民众对表达自由的朴素认识。在很多人看来,广告是一种表达。只要没有明显造假,选择如何表达是广告主的自由。有些人甚至认为新广告法中对内容的诸多限制纯属"多管闲事",侵犯了广告商的"表达自由"。大家都是成年人,应有足够的理性去鉴别和判断,那些上当受骗的人是"活该",是在交"智商税"。

---

① 〔德〕哈贝马斯:《公共领域》,汪晖译,载汪晖、陈燕谷主编《文化与公共性》,三联书店,1998,第125页。
② 〔美〕罗伯特·波斯特:《民主、专业知识与学术自由:现代国家的第一修正案理论》,左亦鲁译,中国政法大学出版社,2014,第19~22页。

公共对话也是表达自由研究中的"显学"。当代最著名的几位表达自由学者均以"公共对话"为其研究的中心。例如,波斯特就认为:"第一修正案的功能就是保障形成公共意见所需的交流过程,即确保'公共意见转化成公共意志(也就是立法的过程)'的公正健全。"[1] 桑斯坦也将美国宪法第一修正案的目的视为促进"麦迪逊式民主"(The Madisonian Democracy),即以审议对话为核心的美国政体。[2] 在桑斯坦看来,表达自由是为了"确保持有不同视角和立场的人民能够对话和辩论,从而能够形成一个鼓励真理产生的过程。"[3] 欧文·费斯(Owen Fiss)则认为表达自由必须建立在公共讨论的基础上。[4] 无论是"公共意见"、"审议"、"对话和辩论"还是"公共讨论",都不过是"公共对话"的另一种说法或变形。

对公共对话的重视有两方面的理论背景。一是表达自由理论自身发展的脉络。波斯特曾把思想市场理论(marketplace of ideas)、自治理论(self-government)和自主理论(autonomy)称为"三种最主要的表达自由理论"。[5] 这三大理论中有两个是以公共对话为中心的。在

---

[1] 〔美〕罗伯特·波斯特:《民主、专业知识与学术自由:现代国家的第一修正案理论》,左亦鲁译,中国政法大学出版社,2014,第19页。
[2] Cass Sunstein, *Democracy and the Problem of Free Speech*, The Free Press, at xvii (1993).
[3] Cass Sunstein, *Democracy and the Problem of Free Speech*, The Free Press, at 241 (1993).
[4] Owen Fiss, *The Irony of Free Speech*, Harvard University Press, at 3 (1998).
[5] 〔美〕罗伯特·波斯特:《民主、专业知识与学术自由:现代国家的第一修正案理论》,左亦鲁译,中国政法大学出版社,2014,第11页。

第一章　内与外：公共对话外的言论与表达

1919年的阿布拉姆斯诉美国案中，霍姆斯提出了著名的"思想市场理论"——"思想的自由交流更有助于人们通向他们所期望的终极的善……检验真理的最佳标准是看某一思想是否具有足够的力量在市场竞争中被接受……"[1] 顺着霍姆斯的思路，后人也普遍把公共对话想象成一个不同观点自由竞争交锋的市场。自治理论的鼻祖亚历山大·米克尔约翰（Alexander Meiklejohn）则把自治视作美国政体的核心，并认为真正明智的自治必须建立在广泛接收信息和对公共议题的公开辩论之上。[2] 这两大宗师对公共对话的重视自然也深刻影响了后来的理论和学者。

公共对话理论在美国的另一背景是近年学界共和主义和审议民主等概念的兴起。在大西洋对岸，是以约翰·波考克（John Pocock）和昆丁·斯金纳（Quentin Skinner）为代表的剑桥学派[3]和以哈贝马斯为代表的欧陆哲学家。[4] 在美国国内，则是以桑斯坦、布鲁斯·阿克曼（Bruce Ackerman）和弗兰克·迈克尔曼（Frank

---

[1] Abrams v. United States, 250 U.S. 616 (1919).
[2] 〔美〕亚历山大·米克尔约翰：《表达自由的法律限度》，侯健译，贵州人民出版社，2003，第1~20页。
[3] 参见 John Pocock, *The Machiavellian Moment: Florentine Political Thought and the Atlantic Republican Tradition*, Princeton University Press, 2003; Quentin Skinner, *The Foundations of Modern Political Thought*, Volume I: The Renaissance, Cambridge University Press, 1978.
[4] 参见〔德〕哈贝马斯《在事实与规范之间：关于法律和民主法治国的商谈理论》，童世骏译，三联书店，2014；〔德〕哈贝马斯：《公共领域的结构转型》，曹卫东等译，学林出版社，1999。

Michelman）等学者所代表的宪法理论中的"共和主义复兴"。[①] 这些学者虽拥有各自不同的立场、进路和问题意识，但他们都直接或间接促进了公共对话的"火热"。

本章反对的是"公共对话中心主义"，而非公共对话本身。"公共对话中心主义"的问题在于，它遮蔽或阻碍了人们对公共对话之外领域的思考——它让人们自觉或不自觉地把公共对话中的逻辑和原则强加于一切涉及交流和表达的领域。我们必须超越"公共对话中心主义"这种"一元化"的理解，即只关注公共对话（或不进行领域划分），并主张只有一个原则或价值贯穿始终；相反，我们应该转向一种"二元式"的理解：公共对话和公共对话外分属两个不同的领域，两者应有各自不同的逻辑、原则和正当性基础。

1.3.2　公共对话外的逻辑：不平等的主体、内容规制和公共利益

本章第二节曾指出，由于缺乏信息、知识和经验，消费者在购物时其实身处一种巨大的不平等中。广告是普通公民获取信息和进行决策的重要甚至唯一依据。正是基于广告服务公众的这一"信息功能"，法律要求广告必须真实且不误导消费者。在广告之外，遵循同样逻辑

[①] 参见 Cass Sunstein, "Beyond the Republican Revival", 97 *Yale L. J.* 1539 (1988); Frank Michelman, "Law's Republic", 97 *Yale L. J.* 1493 (1988); 〔美〕布鲁斯·阿克曼：《我们人民：奠基》，汪庆华译，中国政法大学出版社，2013。

第一章　内与外：公共对话外的言论与表达

的还包括学者的学术言论和律师、医生、会计师等专业人士的专业言论。不管是制定货币政策还是应对公共卫生事件，是治理雾霾还是判断转基因食品的安全性，现代社会都必须依靠学者、专家和研究机构生产的知识。同理，当一个普通人去看病或者面临法律或财务问题时，绝大多数时候他只能仰仗医生、律师和会计师来提供建议和服务。社会和公众对可靠的知识和专业服务的依赖，甚至超过他们对真实和不引起误导的广告的需要。

在公共对话之外，一方面是普通民众对商业/学术/专业言论的极度依赖，另一方面却是民众面对厂商、专家和专业人士的弱势和不平等。在这种强弱关系和权力格局之下，仅凭公民自身的判断或广告主、学者和专业人士的良知显然不够。为了保护弱者和促进公共利益，这些领域应该有一套完全不同于公共对话的逻辑、原则和正当性基础。这种不同主要体现在以下三点。

第一，与公共对话对主体平等的假定不同，在公共对话之外，公民是弱势、不独立和不理性的主体。

公共对话对主体平等的假定不难理解。在米克尔约翰看来，公共对话中的主体都应是平等的理性主体。[1] 波斯特则称之为公共对话"表达了一种平等主义原则"。[2] 既然公民都被想象成平等的主体，公共对话也因此鼓励

---

[1] 〔美〕亚历山大·米克尔约翰：《表达自由的法律限度》，侯健译，贵州人民出版社，2003，第21~25页。
[2] 〔美〕罗伯特·波斯特：《民主、专业知识与学术自由：现代国家的第一修正案理论》，左亦鲁译，中国政法大学出版社，2014，第3页。

他们充分运用自己的理性和理智。如大卫·理查兹（David Richards）所说，"成年人全面和不受限制地行使他的天赋和能力对人类理性至关重要。"①反之，同样由于大家都是平等的，在公共对话中受到蛊惑和欺骗也必须"认栽"。借用运动场的比喻，公共对话中提倡的是"费厄泼赖"精神：大家各凭本事，胜者天经地义，败者愿赌服输。

但在公共对话之外，公民却不是平等和独立的：在涉及商业言论和广告时，公民变成了"消费者"；在涉及学术言论时，他们是"外行"和"门外汉"；在面对医生、律师和会计师时，他们又变成了"患者"和"客户"。虽然还是同样一批人，一旦从"公民"变成了"消费者"、"外行"、"患者"和"客户"，原先对独立、平等和理性的设定也就随之消失。② 以专业言论为例，大家之所以会主动去看病、找律师或会计师，正是因为他们意识到某些问题自己无法解决。③ 而在面对这些专业人士时，普通人会选择相信他们，事实上这些普通人也没有

---

① David Richards, "Free Speech and Obscenity Law: Toward a Moral Theory of the First Amendment", 123 *U. Pa. L. Rev.* 45 (1974).
② Robert Post, "The Constitutional Status of Commercial Speech", 48 *UCLA L. Rev.* 1, 4 (2000).
③ 近年来，有研究者指出法律服务的"大宗商品化"以及人工智能和大数据的应用使得很多技术含量较低的工作可以通过分解和外包，交由非律师事务所承担。但在短期内，法律专家和律师事务所在核心和高端法律服务中的角色仍是不可替代的。而且从长远来看，新的发展趋势只是要求法律专业人士升级和更新他们的知识和技能，而不是彻底取代他们。更多讨论，见〔英〕理查德·萨斯坎德《法律人的明天会这样？——法律职业的未来》，何广越译，北京大学出版社，2015，第33~123页。

比相信专业人士的建议和服务更好的选择。在公共对话中，大家你来我往，充分辩论；但在面对医生和律师时，正常理智的人都不会去和专业人士争论治疗方案或辩护策略。而像"律师—客户特权"（attorney-client privilege）或"医生—病人特权"（physician-patient privilege）等职业规范，其出发点也是对专业关系中处于弱势一方的普通公民的保护。[1]

在学术言论中，普通人对自身的局限和"无知"也会有比较清醒的认识。这在门槛相比人文和社会科学要高出很多的理工科中尤为明显。但近来伴随着维基百科等"维基式"网站的诞生，以及知乎和 Quora 等问答类网站的兴起，"知识生产"好像正变得日益民主化，普通民众与专家学者间的不平等关系可能被颠覆。桑斯坦就对维基式"众人生产知识"的前景非常乐观。[2] 但细看不难发现，维基百科本质上是对现有知识的整理和汇编，而不是生产新的知识。维基百科的编辑者在编辑词条时所仰仗的，仍然是学者和学术机构所创造的知识。近年来十分火爆的"知乎"亦是如此。知乎曾经的口号是"与世界分享你的知识、经验和见解"[3]。抛开相对个人

---

[1] 对此的讨论，可参见 Geoffrey Hazard, "An Historical Perspective on the Attorney-Client Privilege", 66 *Cal. L. Rev.* 1061 (1978); Daniel W. Shuman, "The Origins of the Physician-Patient Privilege and Professional Secret", 39 *Sw. L. Rev.* 661 (1985).

[2] 〔美〕凯斯·桑斯坦：《信息乌托邦：众人如何生产知识》，毕竞悦译，法律出版社，2008，第 161~177 页。

[3] 知乎后将口号改为"发现更大的世界"，见 https://www.zhihu.com/。

化的"经验"和"见解",这里只谈其对"知识"的生产。在知乎上,能够产生知识类内容的优质用户同样主要依靠现有研究知识和成果,而不是真的在创造新的知识。一个例子是在大量优质回答后,负责的答题者往往附上几篇主要的参考文献。这种引注当然不像学术期刊那样规范,却表明答题者其实主要是对现有研究和知识进行整理和通俗化重述。换言之,无论是知乎还是维基百科,它们在知识生产上仍然是"二手"的;如果没有学者和专家生产"一手知识",维基百科的编辑和知乎的答题者将"难为无米之炊"。另外,大量在知乎输出优质知识类内容的"大V"本身就是该领域的研究者或学生。而他们之所以能迅速获得信任和权威,恰恰说明无论在哪里,普通公民与专家和专业人士之间的强弱格局是很难被撼动的。

乍看之下,公众在面对广告时的弱势似乎不像前两个领域那样明显。在面对学者和医生时,大家会明显知道自己是外行。但去超市购物时,却很少有人认为自己需要请个顾问。在买牙膏、洗发水、洗衣液和牛奶等日用品时,大家会比较不同产品的成分和功效,最终结合包括价格在内的多方面因素做出选择。多年来绝大多数消费者都是以这种方式购物的,似乎也并未出过太大问题。消费者因此很容易得出自己能够做出明智选择这一结论。但大家却未曾想过"我能做出明智选择"是否只是一种幻觉?当我们基于"这瓶洗发水可以去屑"或"那个牌子的牛奶可以补钙"而做出选择时，我们完全是在依靠商品本身所提供的信息进行判断。而对于这些信息是否真实，我们并没有任何验证的方法。

我们之所以长期以来能够"自我感觉良好"，是因为背后有广告法、消费者权益保护法和食品安全法等一整套法律体系的支撑。这些法律在尽力拉平和掩盖消费者和厂商间的巨大不平等。总体而言，这些法律的目的是：通过把各种商品和服务拉到"底线"——也就是安全线——之上，确保它们在最低限度上是及格和安全的。有了这个基础，"外行"的消费者无论怎么选择，起码不会遇到不合格的产品。以牙膏为例，不管消费者最终选择的是主打美白还是保护牙龈的产品，法律起码确保了一条底线——这些都是合格、安全的牙膏。一些公共事件暴露了一旦这层法律的保护缺失，消费者是多么"任人宰割"和脆弱无知。

换言之，不干预之所以成为公共对话的主调，是因为公共对话把参与其中的公民都想象成平等理性的主体。与之相反，由于普通公民在涉及广告、学术言论和专业言论时的弱势和不平等，法律唯有通过更严苛的规制来保护公众和公共利益才能实现预期目的。

第二，在公共对话之外，可以对广告、学术言论和专业言论的内容提出更严格的要求。正是因为相信成熟理性的公民会有自己的判断，公共对话在原则上禁止法律和政府"多管闲事"。纽约时报诉萨利文案提出对公共议题的公开辩论应该"不受禁止、活跃和公开"[1]。在后萨利文时代,为了给公共对话提供"呼吸空间",在涉及公共议题和公众人物时,部分对事实的不实陈述可以被豁免。在格茨诉罗伯特·韦尔奇案(Gertz v. Robert Welch)中,上述原则又被发展成"第一修正案之下不存在错误的观点"[2]。在美国最高法院的判决中,传递了同样精神的表述还包括"一个人的原则在其邻人看来却可能是十足的错误"[3],"某人的脏话却可能是另一人的诗句"[4]和"某人的玩笑,传授的则是另一个人的教义"[5]。

公共对话的核心就是建立一个不受干预的自由市场(Laissez-faire)。[6] 既然公共对话是为了让思想和观点自由竞争,最好的办法就是降低市场准入,让一切言论和内容——无论真假、对错、高下和雅俗——在其中优胜劣汰,适者生存。因此,公共对话不仅要搁置对内容真实性的要求,连对观点对错、质量高低甚至礼貌和文明与否的要求也应一并放弃。[7] 与"不干预"相辅相成的,

---

[1] New York Times v. Sullivan, 376 U. S. 254 (1964).
[2] Gertz v. Robert Welch, 418 U. S. 323 (1974).
[3] Cantwell v. Connecticut, 310 U. S. 296, 310 (1940).
[4] Cohen v. California, 403 U. S. 15, 25 (1971).
[5] Winters v. New York, 333 U. S. 507, 510 (1948).
[6] 〔美〕罗纳德·科斯:《商品市场与思想市场》,罗君丽等译,载《论经济学和经济学家》,上海三联书店,2014,第64~65页。
[7] 〔美〕罗伯特·波斯特:《宪法上的公共商谈概念——过分的观点、民主审议与〈皮条客〉杂志诉福尔韦尔案》,载《宪法的领域:民主、共同体与管理》,毕洪海译,北京大学出版社,2012,第162页。

是公共对话对"买者自慎"和"愿赌服输"原则的贯彻。如果因为听信了某位候选人的"花言巧语"而投票给他后却又大呼上当,除了在下次选举时"吃一堑,长一智",没有人会同情也没有地方可以索赔。

但在公共对话之外,对内容的严格规范和限制却是主旋律。在广告法中,对内容的规范就是真实性和不得引人误解的双重要求。在公共对话中,可以为了避免"寒蝉效应"(chilling effect)而允许部分不实陈述。但"寒蝉效应"和"水至清则无鱼"却从不是广告法的担心——在商业言论领域虚假信息永远比没人敢发言更可怕。"不得引人误解"则在真实性基础上更进了一步。它要求对真实信息的呈现必须清楚、明确和不产生歧义。典型的例子是新广告法中对避免因"背书"而产生误解的种种规定。比如那些以讲座或新闻形式播出的广告,这些广告里面提到的信息可能也都是真实的,有的甚至还会在屏幕某个地方标明这是广告(虽然可能是以最小的字出现在最不起眼的角落)。如果按照公共对话的原则,看到这种新闻式或讲座式的广告就去购买某产品的人只能怪自己判断力不足,这和听完候选人的演说就去投票并无区别。但由于竞选演说和广告分属公共对话的内外,因此被前者"骗"的人投诉无门,而被后者"忽悠"却可以得到救济。

学术研究对内容的要求更是"变本加厉"。规制广告的"双重要求"在此已不够用。主宰学术世界的规则显然不只是真实和不让人误解这么简单。对广告内容的规制仍然是一种红线思维——规定不得出现何种内容。这种红线思维体现在学术活动中，是以不得抄袭为代表的禁止性规范。教育部和各高校的教师学术道德规范中对引用、署名和其他学术不端行为的规定均属此列。[1] 但这些规定只代表了学术活动的最低要求。真正代表了学术活动对内容的要求的，是对最优秀成果的不懈追求。换言之，学术活动不是只要符合最低标准就可以的，而是只鼓励和允许那些符合最高标准的内容。最典型的例子莫过于顶级学术期刊的审稿。在公共对话中，无论专家还是外行，人人都享有平等的发言机会。对广告来说，只要真实且不引人误解就可以被允许。但对顶尖学术期刊而言，却只有最拔尖的论文才有可能获得发表的机会。一篇没有任何造假、符合一切引注规范但却质量平平的论文仍旧无法被刊用。用波斯特的话说，为了确保能为社会生产出合格的知识，学术活动具有高度的歧视性。[2] 所谓歧视，就是对内容高度的选择性和挑剔，即把最优秀的内容与那些不合格、平庸甚至还凑合的内容区分开来。从期刊审稿、教职评定到课题申请，这种对内容的

---

[1] 可参见《高等学校哲学社会科学研究学术规范（试行）》，http://www.sinoss.net/2008/0918/331.html，最后访问日期：2019年4月15日；《清华大学教师学术道德守则（试行）》，http://www.tsinghua.edu.cn/publish/xswyh/10028/index.html，最后访问日期：2019年4月15日；《北京大学教师学术道德规范》，http://sbms.bjmu.edu.cn/kxyj/gzzd/131116.htm，最后访问日期：2019年4月15日。

[2] 〔美〕罗伯特·波斯特：《民主、专业知识与学术自由：现代国家的第一修正案理论》，左亦鲁译，中国政法大学出版社，2014，第14页。

要求贯穿了学术活动的始终。

专业言论的内容规制则介于广告和学术之间。一方面，律师、医生和会计师的言论和服务必须"及格"。律师法、执业医师法、注册会计师法以及各种行业规范中与"不得"有关的规定正是对此的体现。比如《医疗机构从业人员行为规范》第 21 条要求医师"不隐瞒、误导或夸大病情，不过度医疗"；[①] 或者像《律师职业道德和执业纪律规范》第 26 条所规定的，律师客观告知客户法律风险，"不得故意对可能出现的风险做不恰当的表述或做虚假承诺"[②]。这些规定均要求专业人士的言论和活动必须符合职业共同体的基本规范。所以当律师出具了不合格的法律意见书，或医生做出了错误的诊断时，他们不能主张对错和合格与否的相对性（如"不存在错误的观点"）来进行抗辩。他们的言论和活动必须通过严格的内容审查。另一方面，专业人士不能只抱着"及格万岁"的心态，对他们言论和活动的规范，包含了大量积极性的要求。《律师职业道德和执业纪律规范》第 6 条要求律师"努力钻研业务，掌握执业所应具备的法律知识

[①] 《医疗机构从业人员行为规范》（2012）第 21 条："规范行医，严格遵循临床诊疗和技术规范，使用适宜诊疗技术和药物，因病施治，合理医疗，不隐瞒、误导或夸大病情，不过度医疗。"

[②] 《律师职业道德和执业纪律规范》（2001）第 26 条："律师应当遵循诚实守信的原则，客观地告知委托人所委托事项可能出现的法律风险，不得故意对可能出现的风险做不恰当的表述或做虚假承诺。"

和服务技能，不断提高执业水平"①。该法第 24 条也规定："律师应当充分运用自己的专业知识和技能，尽心尽职地根据法律的规定完成委托事项，最大限度地维护委托人的合法利益。"同样，《执业医师法》要求医生"努力钻研业务，更新知识，提高专业技术水平"②。而《医疗机构从业人员行为规范》除了要求医师"遵循医学科学规律，不断更新医学理念和知识，保证医疗技术应用的科学性、合理性"③，甚至还要求他们"学习掌握人文医学知识，提高人文素质，对患者实行人文关怀"④。《中国注册会计师职业道德基本准则》第 11 条也要求"注册会计师应当保持和提高专业胜任能力"⑤。

对专业人士而言，"充分运用"、"尽心尽职"、"最大限度"和"胜任"等表述都是在"及格"之上提出的更高要求。对于参与公共对话的主体，法律从不要求他

---

① 《律师职业道德和执业纪律规范》（2001）第 6 条："律师应当敬业勤业，努力钻研业务，掌握执业所应具备的法律知识和服务技能，不断提高执业水平。"

② 《执业医师法》（1999）第 22 条："医师在执业活动中履行下列义务：（一）遵守法律、法规，遵守技术操作规范；（二）树立敬业精神，遵守职业道德，履行医师职责，尽职尽责为患者服务；（三）关心、爱护、尊重患者，保护患者的隐私；（四）努力钻研业务，更新知识，提高专业技术水平；（五）宣传卫生保健知识，对患者进行健康教育。"

③ 《医疗机构从业人员行为规范》（2012）第 20 条："遵循医学科学规律，不断更新医学理念和知识，保证医疗技术应用的科学性、合理性。"

④ 《医疗机构从业人员行为规范》（2012）第 22 条："学习掌握人文医学知识，提高人文素质，对患者实行人文关怀，真诚、耐心与患者沟通。"

⑤ 《中国注册会计师职业道德基本准则》（1997）第 11 条："注册会计师应当保持和提高专业胜任能力，遵守独立审计准则等职业规范，合理运用会计准则及国家其他相关技术规范。"

们"充分运用自己的知识和技能","通过不断学习提升自己的水平"以及"最大限度地维护公众的利益"。但对专业人士而言,这却是他们的必修课。因为只有这样,他们才能为公众持续地提供可靠的建议和服务。

第三,广告、学术言论和专业言论首先都要服务于公共利益。在公共对话中,表达和交流主要是"为己"——服务于发言者自身的利益。如其名字所示,公共对话和表达自由的关键就在于"说"和"表达"。而其所关注的也正是能够做出"说"这个动作的主体。"我说故我在",公共对话的目的就是要让言论"说"出来,只要"说"出来了,发言者自身的利益就已经在很大程度上得到了实现。这也是公共对话不干预言论内容的原因。因为公共对话最在乎的是言论能否被说出,而非已经说出的言论的对错、真假和优劣。最重要的是发言者能否说出他想说的,至于他说的是至理名言还是无稽之谈,那完全是个人的自由。用美国第一修正案研究的术语来说,公共对话所采取的是"发言者本位"(speaker-based)的立场。[1] 这意味着公共对话是从发言者的角度出发,并服务于发言者自身的利益。在公共对话中,进行表达和活动的主体——发言者——与这些表达和活动所服务的对象——也是发言者——是重合的。

但在公共对话之外,基调却是"利他"的。在广告

---

[1] Martin Redish, *The Adversary First Amendment: Free Expression and the Foundations of American Democracy*, Stanford Law Book, at 57-60 (2013).

法中,"发言者"是广告主、广告经营者或广告发布者。从构思、设计、制作到发布一则广告的整个过程其实非常接近创作和表达。某些经典的广告和广告词,其流行程度和文化意义并不低于受欢迎的小说、电影或歌曲。但广告法并不是一部表达自由保护法或艺术创作促进法。不管是广告主、广告经营者还是发布者,他们发布广告都不是为了表达自我;恰恰相反,他们发布广告首先要服务于广大消费者。换言之,广告主和广告商的"说"和"表达"是为了让消费者——而非发言者——获取信息和做出明智决策。新广告法第 1 条之所以把"保护消费者的合法权益"移到"促进广告业的健康发展"前面,就是为了宣示广大消费者才是广告法的首要关切。美国商业言论原则所提出的"信息的自由流动"[1] 和"信息功能"[2] 也明显着眼于被动接受信息的消费者,而不是作为发言者的广告主。文学艺术创作可以模糊隐晦或有多重含义,政客的演讲也可以充分运用修辞,但一则引人误解的广告却不能以"这是艺术夸张"或"仁者见仁,智者见智"来抗辩。因为广告的首要目的是为公众提供信息,因此它们必须首先准确、清楚和明白。在此,消费者作为听众和观众的利益压倒了广告主作为发言者的利益。

同样的逻辑也适用于学术言论。在学术研究中,表

---

[1] 425 U.S. 748(1976).
[2] 447 U.S. 557(1980).

第一章　内与外：公共对话外的言论与表达

达的主体当然是学者和科研人员，但他们写论文和出专著却并不是为了取悦自己；正如之前所讨论的，学术的首要目的是为社会公众提供可靠的知识。波斯特将之称为"民主胜任"（democratic competence）。根据波斯特的定义，民主胜任是指"公民个人认知能力的增强"（cognitive empowerment）[1]。现代社会高度复杂和专业，无论是参与公共对话还是投票，公民都不能头脑空空、一头雾水。学术的意义就是生产出可靠的专业知识，为公民决策和社会运转提供基础。[2] 通俗地说，"民主胜任"就是"让人民能够胜任民主"。这里的着眼点仍旧是人民，而不是学者。这与广告的"信息功能"本质上是一致的，只不过广告法关注的是"信息"，而学术活动则产出"知识"，后者无疑有着更高的要求。值得注意的是，当学者就公众议题在大众媒体上发言时，他其实是以普通公民的身份加入了公共对话。而一旦进入了公共对话，对他的言论就应该适用公共对话而非学术活动的原则。这意味着：第一，与学术研究不同，这名学者在公共对话中的发言首先是为了表达自我而不是服务他人；第二，这名学者只是在表达他的"意见"，种种针对学术言论的内容限制在此不再适用。这也是为什么"校外言论"（extramural speech）虽然也属于广义的学术言论的范畴，但却适用表

---

[1] 〔美〕罗伯特·波斯特：《民主、专业知识与学术自由：现代国家的第一修正案理论》，左亦鲁译，中国政法大学出版社，2014，第34~35页。
[2] 〔美〕罗伯特·波斯特：《民主、专业知识与学术自由：现代国家的第一修正案理论》，左亦鲁译，中国政法大学出版社，2014，第1页。

达自由（而非学术自由）原则的原因。①

律师、医生和会计师等专业人士的言论和活动亦是如此。为他人——客户和患者——服务本就是这些职业的宗旨。无论是医生的诊断还是律师或会计师的建议，都应站在患者或客户的角度，为他们的利益进行最大化考量。如果这些专业人士想自我表达，他们可以选择以接受采访或出书等方式加入公共对话。在公共对话中，医生可以就公共卫生事件、医疗改革畅所欲言，律师也可以就热点案件和司法体制改革发表自己的见解。不管有没有听众，只要他们愿意，这些专业人士还可以就引力波、屠呦呦获奖、AlphaGO和人工智能等任何议题发言。不管他们在公共对话中的发言从专业上看多么离谱、荒谬（除了自己声誉受损），他们也不用担心影响自己的职称评定或执业。在公共对话中，他们可以随意表达自我而不需要服务于任何人。但一旦回到专业领域，他们就必须首先为他人利益服务，并且接受法律和行业规范对其言论内容的严格审查。

综上，公共对话外的领域是"听众本位"（listener-based）的。这意味着表达和言论必须首先服务于被动的听众、观众和读者，而不是发言者。在上述几个领域，普通公民正是以听众、观众和读者——而不是发言者——的身份出现的。在广告法的语境下他们是消费者，

---

① 〔美〕罗伯特·波斯特：《民主、专业知识与学术自由：现代国家的第一修正案理论》，左亦鲁译，中国政法大学出版社，2014，第82~83页。

在面对医生时他们是患者，面对律师和会计师时他们又是客户。囿于信息、知识、训练和经验的不足，他们只能被动、消极地接受和相信。虽然他们在数量上占据绝对多数，但却是"沉默（和无知）的大多数"。罗尔斯在《正义论》中曾提出过"无知之幕"的概念，[1] 借用"无知之幕"的比喻，广告、学术言论和专业言论的作用正在于它们所产生的知识、信息和建议能够帮助普通公民揭开"无知之幕"，从"无知"和"不知"走向"知"。

1.4 结语

从公众对新广告法的不理解出发，本章对新广告法中针对广告内容的规定进行了分析。本章认为保护消费者——而不是促进广告业的发展或广告主的表达自由——才是广告法的首要目的。新广告法中绝大多数对广告内容的规定，虽然看上去限制了广告的表达自由，但却是为了服务于更大的公共利益——保护消费者免受虚假广告的欺骗和误导。因此，这些规定总体而言是合理且正当的。

从广告法切入，本章又将讨论扩展到学术言论和专业言论领域。广告、学术言论和专业言论均处公共对话之外，这三个领域的价值都是为公共对话和社会公众提

---

[1] 〔美〕约翰·罗尔斯：《正义论》，何怀宏等译，中国社会科学出版社，2003，第136~141页。

供可靠的信息、知识或服务。它们有着不同于公共对话的逻辑、原则和正当性基础。把公共对话的规范强加于它们，不仅会破坏它们自身的规律，更会对公共对话和现代社会的运转产生不利影响。因此，本章建议采取一种"二元"思维：让公共对话的归公共对话，非公共对话的归非公共对话。

强调广告、学术言论和专业言论必须首先为公众服务，并不意味着对一切政府规制大开绿灯。以广告法为例，要求"保护消费者"不等于可以打着这一旗号对广告内容随意干涉。恰恰相反，"保护消费者"应成为判断规制是否合理的新标准。换言之，只有那些真正能保护消费者免受欺骗和误导的内容规制才能被允许。比如，新旧广告法中均禁止"贬低其他生产经营者的商品或者服务"的"比较式广告"。[1] 这条规定的出发点是避免不正当竞争，防止利用广告诋毁竞争对手的商品或服务。[2] 但"贬低"却是一个过于模糊、宽泛的词。捏造、散布虚伪事实或歪曲真实情况当然应被禁止，但基于正常的比较而导致评价降低呢？在美国经常可以看到赤裸裸的"点名式"的比较广告，比如几大电信运营商对彼此套餐的比较，或安卓手机与同代苹果手机间的比较。这类广告往往非常直观，给消费者带来很大便利。但是我国广

---

[1] 旧广告法第 12 条与新广告法第 13 条均规定："广告不得贬低其他生产经营者的商品或服务。"
[2] 《关于〈中华人民共和国广告法（修订草案）〉的说明》，载郎胜主编《中华人民共和国广告法释义》，法律出版社，2015，第 25 页。

告法却有将此类广告"一棍子打死"之嫌,导致消费者只能看到 A 牌产品与"上一代 A 牌产品"或"不含××配方的 A 牌产品"间空洞的"假比较"。从保护消费者和广告信息功能的角度看,如果能确保信息真实、准确,允许"点名式"的比较会不会反而更有助于消费者的选择判断呢?或者说,广告法对比较式广告的禁止是否违背了"保护消费者不受欺骗和误导"的原则呢?这是一个值得思考的问题。

当然,本章并非是针对新广告法的全面分析,① 表达自由理论才是本章的问题意识所在。如前所述,本章希望广告法成为一颗照明弹,为我们照亮那些在公共对话外、长期以来被忽视的领域。广告、学术言论和专业言论,这些问题原本是一个个散落在外围的"点",本章希望将它们"连点成线,连线成面"。因为这不仅有助于我们早日探明表达自由研究中的那片"未勘探地区",也可以让我们更好地理解和保护表达自由的核心地带——公共对话。因为公共对话和现代社会的良好运转,很多时候恰恰需要这些"反表达自由"的原则和公共对话外的领域来守护。

---

① 新广告法另一颇具争议之处是禁止"不满十周岁的未成年人作为广告代言人"。立法者将此规定解释为"保护无民事行为能力人过早涉足商业"。显然,"保护消费者"不是这一规定的出发点。可即便是从"保护未成年人"的角度出发,为何新广告法第 38 条只禁止十周岁以下"童星"进行"广告代言"而不全面禁止十周岁以下儿童的"广告表演"?如果是担心未成年人过早暴露在商业环境下受到影响和伤害,童星和其他儿童面临着同样的风险,那为何只保护进行代言的童星而不保护所有十周岁以下儿童呢?对此,广告法应该给出一个合理的解释。

第二章 政与文：宪法第47条与"二元"表达权保护

2.1 引言

在西方政治和法律传统中，无论是密尔《论自由》等政治学经典还是美国表达自由的理论与判例，都存在一种从政治角度思考表达自由的倾向。[1]

简单来说，这种倾向意味着：第一，表达自由首先被视为一项政治权利；第二，在不同种类的言论中，政治言论应受优先保护；第三，表达自由的正当性被建立在某些政治价值或目的（purpose）之上。

甚至都不需要借助学术概念和理论，仅从常识或朴素的"法感情"出发，人们也可以感受到并理解上

---

[1] Jack Balkin, "Populism and Progressivism as Constitutional Categories", 104 *Yale L. J.* 1935, 1985-86 (1995): "In particular, an encounter with popular culture might tend to counteract the tendency, common to certain academics, politicos, and even a few self-styled revolutionaries, to overstress the importance of politics to the life of ordinary citizens. We might even coin a new word to describe this phenomenon: Let us call it politico-centrism. If ethnocentrism is the world seen through the eyes of a cultural chauvinist, politico-centrism is the world seen through the eyes of a political junkie." See also Jack Balkin, "Digital Speech and Democratic Culture: A Theory of Freedom of Expression for the Information Society", 79 *N. Y. U. L. Rev.* 1 (2004).

述倾向。就像本书导论提到的，在谈论或想象表达自由时，绝大多数人脑海中首先浮现的都是对政治言论的保护等非常"政治化"的场景，这已经成为人们想象表达自由的直觉。这种对政治言论的重视与第一章所讨论的公共对话也密不可分。"政治乃众人之事"，"众人"其实就是"公共"。亚历山大·米克尔约翰就断言，"公共言论"就是政治言论。[①] 公共对话之所以"一家独大"，正是因为其中主要是政治言论和相关讨论。

本章无意否定政治言论的价值和表达自由的政治价值。本章的目的是拓宽表达自由的视界，挖掘长期以来被上述倾向遮蔽的维度——表达自由的文化维度。如前所述，这其中包含至少两层追求：第一层从表达自由内部角度，首先思考作为一种言论类别（category）的文化言论受保护的正当性；第二层则是从整体和外部视角出发，探索如何从文化角度思考表达自由。

第一，如何赋予各种非政治言论——特别是文化言论——以表达自由的保护？如果说政治言论受保护的正当性基础是它们为政治讨论和政治过程做出了贡献，那么文化言论因何而受到保护？相比政治言论，文化言论可能才是成千上万普通公民最经常、也更愿意发表的言论。但在政治中心主义者那里，它们至多只能依附于政

[①] 〔美〕亚历山大·米克尔约翰：《表达自由的法律限度》，侯健译，贵州人民出版社，2017，第69页。

治言论获得间接、"二等"的保护。① 本章关心的是，文化表达自由是否能够拥有某种独立且平等于政治的价值和正当性？

第二，在更大的意义上，是否存在一种从文化角度想象表达自由的可能？传统表达自由理论对表达自由的想象多通过政治完成，比如强调表达自由对政体和民主政治的重要性，以及把表达自由的正当性建立在政治价值之上。表达自由之所以应该受到保护，是因为其可以带来一种更好的政治。从文化角度想象表达自由则意味着，表达自由是否能够以及应该给我们带来一种更好的文化？如果答案是肯定的，这种文化应该是什么样的？表达自由又如何为促进这种文化做出贡献？

通过聚焦我国宪法第47条的解释，本章试做一从"政"（政治）到"文"（文化）的尝试。本章将论证中

---

① 在《表达自由及其与自治的关系》一书中，亚历山大·米克尔约翰即明确表示，表达自由保护的就是那些对政治自治有帮助的表达。更为极端的是罗伯特·鲍克，在他看来，只有那些"明确而突出的政治言论"才应受保护。但米克尔约翰这种完全忽视非政治表达的立场，受到了哈佛法学院第一修正案学者泽卡利亚·查菲（Zechariah Chafee）的强烈批评。当米克尔约翰于1960年发表《表达自由是绝对的》一文时，我们已经可以看到他对自己原有理论的修正：如果可以对政治讨论做出贡献，教育、哲学与科学、文学与艺术以及对公共议题的讨论等四类非政治表达同样可以受到保护。但米克尔约翰此处的逻辑颇具代表性。虽然这四类非政治言论最终被纳入了表达自由保护，但这却并非出于它们自身的价值和意义；相反，这些非政治言论之所以得到保护，是因为它们能帮助选民获得"必要的知识、信息和对人类价值的认识"。换言之，这是因为它们能够间接地服务于帮助选民"更好地投票"这一政治目标。这种对非政治言论的"歧视"同样出现在自治理论的新一代领军人物桑斯坦那里。在桑斯坦的"双层保护"体系中，政治言论牢牢占据着表达自由保护的第一层，而部分非政治言论只能在第二层享受较弱的保护。

国宪法对表达自由的设计和想象是基于一种文化与政治并重的二元理想。本章认为宪法第35条和第47条共同构成了中国宪法对表达权的保护：前者保护了一般性的政治言论，后者则关注成千上万普通中国公民——而不是科学家、学者和艺术家——进行文化和创造性表达的自由。第47条的目的在于确保人民不仅在政治上当家做主，更要在文化上当家做主。除了政治民主，这种对表达自由的理解也希望公民可以积极参与文化的创造和传播，创造一种更加先进和民主的文化。

2.2 横向解读：现行宪法对表达权的保护

2.2.1 宪法序言与"人民当家做主"

2.2.1.1 宪法序言与宪法精神

本章第二部分是对中国宪法的"横向"——整体——解读，将超越"条款主义"（clause-bounded）的束缚，① 采取一种更"整体论"（holist）的进路，将第47条放入整部宪法，结合宪法序言、结构和正文其他条款对其进行分析。

---

① "条款主义"是指人们习惯以一个条款为单位来解释法律或给法律贴上标签，比如认为第 A 条规定了 X，或第 B 条规定了 Y 和 Z。一方面，以条款来解释法律是无可厚非的；但另一方面，过分拘泥于条款主义却可能导致"只见树木不见森林"，看不到这一条款与其他条款，以及与整部宪法间的联系。尤其是，"条款主义"顶多让人看到一个条款 （转下页注）

我们的分析从序言开始。

八二宪法的序言曾被评价为:"无论是从其构思还是从其内容、文辞来评价,都称得上是高水平的佳作。它出自无数高人之手,反复推敲,数易其稿,是集体智慧的结晶。"① 那么我国宪法序言对理解第47条和整部宪法究竟有什么样的启示?

有学者将宪法序言的功能或类型分为三种:装饰/象征性功能、解释性功能和实质性功能(substantive function)。② 从效力强弱来看,装饰/象征性序言最弱,实质性序言最强,解释性序言则居中。虽然学界对中国宪法序言的效

(接上页注①) 可能与几项内容有关——比如,第 A 条规定了 X 和 Y,但却会使人看不到几个条款可能与一项内容有关——A、B 和 C 条同时规定了 X。更多讨论,见 Akhil Reed Amar, "Intratextualism", 112 *Harv. L. Rev.* 747, 748 (1999); John Hart Ely, *Democracy and Distrust, A Theory of Judicial Review*, at 11-41 (1980); Paul Brest et al. eds., *Processes of Constitutional Decision-Making: Cases and Materials*, Aspen Publishers, at xxxiii (5th ed., 2006).

① 许崇德:《中华人民共和国宪法史》(下卷),福建人民出版社,2005,第480页。

② Liav Orgad, "The Preamble in Constitutional Interpretation", 8 *Int'l J. Const. L.* 714, 716-18 (2010). 根据作者定义,装饰/象征性序言的作用主要在于"凝固国家认同"。如柏拉图在《法篇》中曾说,这种序言是为了"说服人们宪法在道德上是善的"。解释性序言可以"在宪法解释中扮演指导性角色(a guiding role)"。此类序言的典型是南非共和国宪法序言中所体现的一系列价值,根据南非宪法第39条第1款,法院在解释权利法案时,必须"促进基于人的尊严、平等和自由的开放民主的社会价值的发展"。实质性序言则可以成为"宪法权利的独立来源"。这种序言的代表是1958年法兰西第五共和国宪法和印度宪法。比如,法国宪法序言写明:"法兰西人民庄严宣告恪守1789年宣言中所规定的,并经1946年宪法序言所确认和补充的人权和国家主权原则,以及2004年环境宪章所规定的权利和义务。"对外国宪法的翻译,参考《外国宪法选译》,肖君拥等译,法律出版社,2015,第252、12页。

力一直存有争议,① 但即便是主张序言不具备任何效力的学者,也不否认其具有装饰和象征功能。② 另一方面,中国宪法序言显然也不是一篇实质性序言。那么,中国宪法序言是否具有解释性功能呢?

宪法精神(ethos)的概念是让中国宪法序言从装饰/象征性序言走向解释性序言的一把钥匙。这一概念源自菲利普·鲍比特(Philip Bobbitt)。③ 在美国,基于宪法精神的论证/解释模式已成为与历史(history)、文本(text)、原则(doctrine)、权衡(prudence)、结构(structure)并列的六大宪法论证/解释模式之一。④ 借助鲍比特的定义,可以说宪法精神就是体现在一国宪法中的立国之本,是支撑和凝聚国家的理想和认同感。我们是谁?我们所为何来,欲将何往?宪法精神是对这一系列根本问题的追问和回答。

罗伯特·M.卡沃(Robert M. Cover)曾说:"每部宪法都是一部史诗(For every Constitution there is an epic)。"⑤ 宪法精神就是一国宪法史诗最凝练的体现。在这种意义上,

---

① 对此讨论,可见陈玉山《中国宪法序言研究》,清华大学出版社,2016,第89~93页。
② 可参见张千帆《论宪法的选择适用》,《中外法学》2012年第5期,第902页;张千帆:《宪法序言及其效力争议》,《炎黄春秋》2013年第6期,第7页。
③ Philip Bobbitt, *Constitutional Fate: Theory of the Constitution*, Oxford University Press, at 93-119 (1982).
④ Mark Graber, *A New Introduction to American Constitutionalism*, Oxford University Press, at 85-86 (2013).
⑤ Robert M. Cover, "The Supreme Court, 1982 Term—Foreword: Nomos and Narrative", 97 *Harv. L. Rev.* 4, 4 (1983).

无论是马克·图什内特（Mark Tushnet）的"薄宪法"（the thin constitution），[1] 德沃金主张的价值观和自由原则，[2] 还是主张"宪法规范的目的"的目的解释，[3] 都与宪法精神有异曲同工之妙。

宪法精神使宪法在"根本法"和"高级法"之外，也成为"我们的法"（our law）。[4] 这意味着宪法是"整体人民努力的成就和成果，其中包含着我们先辈和后人的集体认同"[5]。换言之，任何一国的宪法都应让本国公民感到这是属于我们的、独一无二的宪法。理查德·罗蒂曾说："缺乏足够的民族自豪感就难以形成有关国家大计的富有成效的辩论。如果一个国家想在政治筹划方面富于想象力和创造力，那么，每个公民都应该在感情上同自己的国家休戚与共——因国家的历史或现行的民族政策而产生的强烈耻辱感或炽热自豪感。"[6] 人民如何才能对宪法和共同体产生联系和认同？相比于技术化、具体的条文或"厚宪法"，宪法精神、"薄宪法"或抽象出来的理念、价值和原则似乎更具有这种激励、凝聚和塑造作用。

---

[1] 〔美〕马克·图什内特：《让宪法远离法院》，杨智杰译，法律出版社，2009，第9~10页。
[2] 〔美〕罗纳德·德沃金：《自由的法：对美国宪法的道德解读》，刘丽君译，上海人民出版社，2013，第6~10页。
[3] 韩大元、张翔等：《宪法解释程序研究》，中国人民大学出版社，2016，第19页。
[4] Jack M. Balkin, *Living Originalism*, The Belknap Press, at 59-73 (2011).
[5] Jack M. Balkin, *Living Originalism*, The Belknap Press, at 60 (2011).
[6] 〔美〕理查德·罗蒂：《筑就我们的国家：20世纪美国左派思想》，黄宗英译，三联书店，2006，第1页。

第二章 政与文：宪法第47条与"二元"表达权保护

我国宪法是否包含了类似宪法精神的存在？本章认为答案是肯定的——这一精神或理念就是"人民当家做主"。下面就围绕"人民当家做主"的宪法精神对序言展开分析。

宪法序言共13段，1648个字，可以分成三部分：以1949年新中国成立为界，前5个自然段构成第一部分，讲新中国成立前的"史前史"；第6~12自然段是关于今天和明天，其中第6自然段总结了1949年以后新中国在各方面取得的成就，第7~12自然段宣布国家根本任务和今后各领域内的任务；第三部分是第13自然段，是宪法的自我定位和自身具有最高效力的宣告。[①]

在上述三部分中，第一部分（第1~第5自然段）最为关键：

"①中国是世界上历史最悠久的国家之一。中国各族人民共同创造了光辉灿烂的文化，具有光荣的

---

① 另一种分段方法是将第1~6自然段视为第一部分，是对历史的叙述；第7~12自然段宣布国家根本任务和各领域内的任务；第13自然段是对宪法的定性，宣布宪法"是国家的根本法，具有最高的法律效力"。许崇德：《中华人民共和国宪法史》下卷，福建人民出版社，2005，第480页。上面两种分段的区别在于第5和第6自然段。从内容上看，第6自然段与前5个自然段一样，都是对历史的叙述，按理可以放在一起。但1949年的存在，使得前5个自然段所讲述的历史和第6自然段中新中国成立后的历史不是同一种"历史"。在1949年10月1日，"时间开始了"。从语言和气质上看，第6自然段也不同于前5个自然段的高度诗化和精练，其对社会性质、生产资料所有制、政权形式、对外、国防、工农业政策等的描述十分具体和实际。在这层意义上，第6自然段与第7~12自然段对各领域任务的讨论的确更为接近。

革命传统。

②一八四〇年以后，封建的中国逐渐变成半殖民地、半封建的国家。中国人民为国家独立、民族解放和民主自由进行了前仆后继的英勇奋斗。

③二十世纪，中国发生了翻天覆地的伟大历史变革。

④一九一一年孙中山先生领导的辛亥革命，废除了封建帝制，创立了中华民国。但是，中国人民反对帝国主义和封建主义的历史任务还没有完成。

⑤一九四九年，以毛泽东主席为领袖的中国共产党领导中国各族人民，在经历了长期的艰难曲折的武装斗争和其他形式的斗争以后，终于推翻了帝国主义、封建主义和官僚资本主义的统治，取得了新民主主义革命的伟大胜利，建立了中华人民共和国。从此，中国人民掌握了国家的权力，成为国家的主人。"

"所有历史都是当代史。"如何讲述和建构昨天，往往决定着今天和明天。1982年修宪时，围绕是否有序言曾有争论，主持宪法修改的彭真曾几次强调，"序言要有，写历史"，"序言要写，不然国家的历史不好写"。[①]

序言前5个自然段对历史的叙述，很大程度上决定了整个序言甚至宪法的基调。如果宪法的意义和价值在

[①] 《彭真传》编写组编《彭真年谱》第5卷，中央文献出版社，2012，第106、108页。

于"以法律的形式确认了中国各族人民奋斗的成果","规定了国家的根本制度和任务",则这5个自然段对历史的叙述有助于理解这些"成果"和"根本制度和任务"是什么。

回顾五四、七五和七八宪法的序言,会发现前5个自然段的内容和表述方式是前所未有的。之前三部宪法的序言,第一段基本只用一句话总结1949年之前的历史("党领导人民经过一百多年的英勇奋斗……"),然后就直接进入对未来任务和目标的阐述。反观八二宪法的序言,却用了5个自然段、325个字来构筑历史叙述。这样做有两个目的:一是突出"人民当家做主"这一宪法精神;二是体现中国是一个文化共同体的维度。而这两点对我们解释宪法第47条都会产生影响。

2.2.1.2 人民当家做主

第一个目的——构建和突出"人民当家做主"——主要由宪法序言的第2~5自然段完成。这4个自然段讲述的是从1840到1949年的历史。熟悉历史的读者不会对1840年这一时间点陌生。这是所谓"百年屈辱史"的开始,标志着中国"逐渐变成半殖民地、半封建的国家"。但在宪法的历史叙述中,1840年是"屈辱"的开始,也是斗争的开始——"中国人民为国家独立、民族解放和民主自由进行了前仆后继的英勇奋斗。"这种历史叙述并非宪法序言独有,人民英雄纪念碑上那句著名的

"由此上溯到一千八百四十年"也是如此。① 只不过宪法序言采取了正叙,而人民英雄纪念碑碑文选择了倒叙。

与之前三部宪法用一句"一百多年的英勇奋斗"笼统带过不同,八二宪法对1840~1949年历史的叙述有明确的主线和文眼——人民当家做主。自1840年以降,中国人民的奋斗和牺牲是为了什么?何为"翻天覆地的伟大历史变革"?在序言记录的"四件大事"②中,为什么辛亥革命被评价为"任务还没有完成",而毛泽东领导的新民主主义革命取得了胜利,并成功建立了中华人民共和国?

上述一系列问题的答案其实都在第5自然段的最后一句话:"从此,中国人民掌握了国家的权力,成为国家的主人。"换言之,从1840年~1949年,这"一百多年的英勇奋斗"的核心和主线就是为了实现人民当家做主而不断奋斗和牺牲。"人民当家做主"是判断革命是否彻底和胜利的标准,是中华人民共和国得以建立的根本,是新中国之所以为"新"的原因。

与"当家做主"密切相关的一个意象是"站起来"。显然,"站立"这个动作属于主人,奴隶是跪着的。我们从小就听的故事是:1949年10月1日,毛泽东在天安门

---

① 人民英雄纪念碑碑文全文为:三年以来,在人民解放战争和人民革命中牺牲的人民英雄们永垂不朽!三十年以来,在人民解放战争和人民革命中牺牲的人民英雄们永垂不朽!由此上溯到一千八百四十年,从那时起,为了反对内外敌人,争取民族独立和人民自由幸福,在历次斗争中牺牲的人民英雄们永垂不朽!
② 许崇德:《中华人民共和国宪法史》(下卷),福建人民出版社,2005,第480页。

城楼上宣布"中国人民从此站起来了!"这句话同样出现在毛泽东于1949年9月21日在政协第一届全体会议上的讲话中,而这篇讲话的题目就叫《中国人从此站立起来了》。① 在文中,毛泽东多次使用"站起来"的意象:"我们有一个共同的感觉,这就是我们的工作将写在人类的历史上,它将表明:占人类总数四分之一的中国人从此站立起来了",② 以及"我们的民族将再也不是一个被人侮辱的民族了,我们已经站起来了"③。在此,"站起来"就等于"当家做主"。同样,被确立为国歌的《义勇军进行曲》第一句"起来,不愿做奴隶的人们"更明确地显示了"站起来"和"当家做主"间的联系。

第1~5自然段也是理解整个宪法序言乃至整部宪法的"纲"。"人民当家做主"不仅是对历史的总结,也是一项指向未来的工程。序言第6~12自然段描绘了新中国在各个领域已经取得的成就和接下来的任务。"人民当家做主"与这些目标和成就间是互为因果、互相促进的关系。在今天,新中国之所以可以取得这些成就,是因为"人民掌握了国家的权力,成为国家的主人";反过来,各项社会主义现代化建设是为了让人民能够过上更好的生活,可以更好地"当家做主"。而明天,第7~12自然段所提出的根本任务

---

① 毛泽东:《中国人从此站立起来了》,载《毛泽东文集》(第5卷),人民出版社,1996,第343页。
② 毛泽东:《中国人从此站立起来了》,载《毛泽东文集》(第5卷),人民出版社,1996,第343页。
③ 毛泽东:《中国人从此站立起来了》,载《毛泽东文集》(第5卷),人民出版社,1996,第344页。

(第 7 自然段）和各领域任务（第 8~12 自然段）的实现同样要依靠人民，而这些任务最终的目的也是为了人民。

序言最后一段所确认的"中国各族人民奋斗的成果"就是这样一个"人民当家做主"的人民共和国，"人民当家做主"也就是宪法序言所"规定的国家根本制度和根本任务"。简言之，"人民当家做主"就是宪法要守护的最终成果，也是我们为之不懈奋斗的根本任务。

2.2.1.3 作为文化共同体的中国

宪法序言前 5 个自然段的第二个目的是体现中国也是一个文化共同体这一维度。这一任务主要由第 1 个自然段完成。

前面曾提到八二宪法序言开头的前 5 个自然段是前三部宪法所没有的。如果更细致地分析，八二宪法序言的第 2~5 自然段可看作前三部宪法序言第一句话"经过一百多年的英勇奋斗"的扩写。但八二宪法序言的第 1 自然段（"中国是世界上历史最悠久的国家之一。中国各族人民共同创造了光辉灿烂的文化，具有光荣的革命传统。"）是真正的"前所未有"。

这"前所未有"的两句话告诉了我们什么？第 1 自然段构建了一个超历史、超政治的文化共同体，第 2~5 自然段讲述的是中华人民共和国这个具体的政治共同体的诞生。或者说，第 1 自然段描绘了一个卢梭浪漫主义式的共同体，而第 2~5 自然段则是霍布斯式、实在意义

第二章 政与文：宪法第 47 条与"二元"表达权保护

上的共同体。①

"中国"在宪法序言中共出现 26 次。其中单独使用 3 次，作为修饰语（如"中国各族人民"）或被修饰语（如"封建的中国"）结合其他词语使用 23 次。② "中国"第一次单独出现，就是整部宪法的第一句话："中国是世界上历史最悠久的国家之一。"换言之，"中国"在宪法第一次出现，就是以一个文化和历史共同体的形象。"文化中国"的意向要远远早于"政治中国"和"中华人民共和国"的出现。③

为什么要选择"作为文化共同体的中国"作为整部宪法叙事的起点？简单来说，"中国是世界上历史最悠久的国家之一"这个表述可以最大限度地包容不同观点和立场的人。霍姆斯曾说："宪法是为有着根本不同观点的人准备的。"④ 选择从历史和文化写起，比选择"政治中国"更有包容性和吸纳性。而选择历史和文化，不管选择任何一个时间节点或事件作为起点，又难免产生新的

---

① 针对两种不同的对共同体理解的讨论，可见 Liu Han, "Two Faces of Self-determination in Political Divorce", 10 *Vienna J. on Int'l Const. L.* 355, 372-374 (2016).

② 翟志勇：《宪法何以中国》，香港城市大学出版社，2017，第 2 页。

③ 翟志勇：《宪法何以中国》，香港城市大学出版社，2017，第 5~9 页。强世功：《立法者的法理学》，三联书店，2007，第 94~95 页。

④ Lochner v. New York, 198 U.S. 45 (1905). ("But a constitution is not intended to embody a particular economic theory, whether of paternalism and the organic relation of the citizen to the state or of laissez faire. It is made for people of fundamentally differing views, and the accident of our finding certain opinions natural and familiar or novel and even shocking ought not to conclude our judgment upon the question whether statutes embodying them conflict with the Constitution of the United States.")

争议、排除和断裂。宪法序言第 1 自然段的高明就在于，它以历史和文化作为起点，但又刻意选择了一种最抽象和宏大的讲法，因此具有最高的包容性、连续性和共识，可以在多元和分歧下，最大限度地实现统合。

第 2~5 自然段则是一个不断明确、前进的过程。讲的是"文化中国"如何演进成中华人民共和国这个"政治中国"。第 3 自然段是"中国"第二次独立出现——"中国发生了翻天覆地的伟大历史变革"。何为"翻天覆地"？就是"文化中国"开始变成"人民当家做主"的人民共和国。

除了突出"文化"，第 1 自然段第 2 句（"中国各族人民共同创造了光辉灿烂的文化，具有光荣的革命传统"）还强调中国这个文化历史共同体是由中国人民共同创造的。虽然"文化中国"的历史远长于"政治中国"，但在"人民当家做主"的政治中国出现前，人民就已经创造了"光辉灿烂的文化"和"光荣的革命传统"。由此产生一个合理的推论：在"人民当家做主"的新中国，人民当然要继续成为文化的创造者和主人——换言之，人民不仅要在政治上当家做主，也要在文化上当家做主。

2.2.2 宪法的结构与正文

序言之后，我们转向宪法正文。大家对八二宪法的结构都不陌生。宪法正文共有四章，依序分别为：（一）总纲；（二）公民的基本权利和义务；（三）国家机构；（四）国旗、国歌、国徽、首都。

第二章 政与文：宪法第47条与"二元"表达权保护

但宪法的结构并非一直如此。实际上，在新中国的四部宪法中，只有八二宪法采用了这种结构。五四宪法、七五宪法和七八宪法则采用基本一致的结构，即序言、总纲、国家机构、公民的基本权利和义务、国旗、国徽和首都。① 不难看出，八二宪法在结构上与之前三部宪法的区别在于第二、三章的顺序。换言之，也就是公民的基本权利和义务与国家机构哪个应排在前面？

据记载，是否改变宪法结构曾是1982年修宪时的一个争论焦点。这一"难以决断的问题"（王汉斌语）最终被上报至邓小平。根据邓小平的意见，应将公民的基本权利和义务摆在国家机构前面，理由是："我们国家一切权力属于人民，国家机构是根据人民的授权建立的。没有人民的授权，国家机构就失去了权力的基础和来源。在宪法体例设计上，先规定公民权利和义务，再规定国家机构，能较充分体现国家的一切权力属于人民的性质。"②

---

① 五四宪法、七五宪法和七八宪法的第四章均为"国旗、国徽、首都"，国歌并未被写入。

② 王汉斌：《社会主义民主法制文集》（上卷），中国民主法制出版社，2012，第22页。王汉斌：《王汉斌访谈录：亲历新时期社会主义民主法制建设》，中国民主法制出版社，2012，第69~70页。此外，据许崇德教授回忆，八二宪法修改委员会秘书处于1980年9月17日晚召开第一次会议。9月22日，秘书处在讨论宪法结构时提出，新中国的前三部宪法都把"公民的基本权利和义务"放在"国家机构"之后，但"根据我国目前的情况，应特别强调保障人民的民主权利，因此，宜把'公民的基本权利和义务'列为第二章，并充实其内容。"在1982年2月27日宪法修改委员会的第二次全体会议上，对把"公民的基本权利和义务"前移到第二章的理由也是："把公民的基本权利和义务改为第二章，置于总纲之后、国家机构之前。这是因为公民的基本权利和义务一章与总纲有密切联系，是总纲的延长，不宜分割。世界各国现行宪法 （转下页注）

上面这段话表明,"人民当家做主"仍是理解八二宪法结构的核心。简言之,八二宪法的新结构有两个目的:一是突出"人民当家做主"的理念;二是让整部宪法的逻辑在"人民当家做主"的统摄下更加自洽、完整和紧密。

八二宪法是如何围绕"人民当家做主"展开其逻辑的呢?序言通过对历史的叙述和对未来的勾勒,构建了"人民当家做主"的宪法精神。第一章"总纲"如其标题所示,规定了纲领性的法律原则,其中就包括把序言中抽象、诗化的语言转化为相对具体、实在的条款。比如第2条:

"中华人民共和国的一切权力属于人民。

人民行使国家权力的机关是全国人民代表大会和地方各级人民代表大会。

人民依照法律规定,通过各种途径和形式,管理国家事务,管理经济和文化事业,管理社会事务。"

以及第27条第2款:

"一切国家机关和国家工作人员必须依靠人民的支持,经常保持同人民的密切联系,倾听人民的意见和建议,接受人民的监督,努力为人民服务。"

(接上页注②)绝大多数都是把有关公民的权利和义务的规定列在有关国家机构的规定之前。我们从国家机构是为人民的利益而设这一基本观点出发,也采用了这一体例。"许崇德:《中华人民共和国宪法史》(下卷),福建人民出版社,2005,第354、389页。

第二章 政与文：宪法第47条与"二元"表达权保护

"中华人民共和国的一切权力属于人民"就是"人民当家做主"具体、法律化的表达。人民代表大会制度则是"人民当家做主"的主要形式和机关。尤其值得注意的是，第2条第3款要求人民要通过各种途径和形式"管理经济和文化事业"。如前所述，宪法序言中强调了"人民当家做主"的文化维度——作为这个政治和文化历史共同体的主人，人民不仅要在政治上当家做主，也要在文化上当家做主。理所当然，除了管理国家政治、经济、社会事务，人民也必须"通过各种途径和形式，……管理经济和文化事业"。第2条第3款对人民管理国家文化事业的规定，可视作对序言上述内容的具体化和呼应。

接下来是第二章"公民的基本权利和义务"。如何从整体上把握第二章列举的基本权利和义务？宪法规定这些基本权利和义务的目的何在？"人民当家做主"仍然是理解和解释这些基本权利和义务的关键。人民并不能"两眼一抹黑"地去"当家做主"，他们需要具备基本的知识、信息、素质和能力。换言之，人民要变成更合格、更胜任——简言之，更好的——公民。唯有如此，他们才有可能更好地自我治理和真正地当家做主。而第二章中所保护的公民基本权利和义务，就是为了让公民可以"当家做主"。这也是这些权利和义务之所以被称为"基本"的原因之一，而包括第47条在内的诸多基本权利的解释都应放在这一大背景下进行。

按照"先人民，后国家"的逻辑，国家机关放在公民的基本权利义务之后就变得顺理成章。人民是质料、是实质，国家机关只是人民当家做主、管理自己事务的创设，是"途径和形式"。第二章所规定的公民权利是为了让公民变成更好、更合格的公民，在此之后，公民才可以通过第三章规定的"途径和形式"去管理自己的事务。第三章中用七节对国家机关进行规定，其中绝大多数机关的名称中都有"人民"二字，如人民代表大会、人民政府、人民法院和人民检察院等，这同样是对"人民当家做主"和"先人民，后国家"的重申和体现。因为，归根结底，这是一个"人民的共和国"。

最后，在第二、三章确立了国家的骨骼和血肉后，第四章对国旗、国歌、国徽和首都等符号和象征性的内容进行了规定。至此，宪法文本和逻辑上的"建国大业"才算完成。

2.2.3 第35+第47条：对表达权的"二元"保护

根据上文对序言、正文和结构的解释，什么样的条款可以确保人民在政治和文化上都当家做主呢？只有带着这个疑问检索宪法第二章，第35条和第47条才会同时进入我们的视野。第35条和第47条合在一起，前者关注政治表达，后者保护文化表达，共同构成了中国宪法完整的对表达权的保护。

对第35条不需要太多的解释。无论从语言上还是内容上，它所保护的"言论、出版、集会、结社、游行和示威"均属于最常见的表达形式。很多国家宪法中保护言论或表达自由的条款都有相似的内容或表述。按照三代权利理论，第35条保护的是典型的第一代权利——与政治自由、公民自由和政治平等有关的权利。[①] 第35条的目的是确保人民在政治上能够当家做主。

但如何让人民在文化上也能当家做主？仅靠第35条是不够的。鉴于表达自由理论和实践中长期以来对政治言论的"偏爱"，表达自由的文化维度很容易就会被遮蔽和忽视。因此，可能需要一条单独的条款做出专门规定——第47条就是如此被设计出来的。

宪法第47条规定："中华人民共和国公民有进行科学研究、文学艺术创作和其他文化活动的自由。国家对于从事教育、科学、技术、文学、艺术和其他文化事业的公民的有益于人民的创造性工作，给以鼓励和帮助。"在文字上，与第35条一样，第47条的主语是"中华人民共和国公民"。它保护的是成千上万普通公民——而不是科学家、学者和艺术家——"进行科学研究、文学艺术创作和其他文化活动的自由"。同时，考虑到普通公民在文化上当家做主可能比政治上当家做主遇到更多困难，第47条还专门规定了政府的积极义务——"国家对于从事教育、科学、技术、文学、艺术和其他文化事业的公

[①] 关于三代权利划分的讨论，见 Karel Vasak, *Human Right: A Thirty-Year Struggle: The Sustained Efforts to Give Force of Law to the Universal Declaration of Human Rights*, UNESCO Courier 30: 11, November 1977。

民的有益于人民的创造性工作,给以鼓励和帮助。"这种对政府积极义务的规定在第35条中是不存在的。

宪法试图通过第47条实现什么目的呢?这其中涉及的问题是:第47条到底保护的是民主式的表达自由,还是精英式的学术自由?长期以来,一直有观点认为第47条是中国宪法上的"学术自由条款",或为学术自由提供了宪法保障。[1]

但正如第一章讨论过的,学术自由和表达自由是两种完全不同(甚至存在紧张关系)的权利,分别遵循不同的原则、逻辑和正当性基础。表达自由服务于民主正当(democratic legitimation)的价值,其本质是平等、民主,它属于多数或全体公民,其行使无门槛和资质要求;[2] 学术自由则服务于民主胜任(democratic competence),其本质是歧视性和精英主义的,只有少数主体可以享有,行使这一权利有很高的门槛和标准方面的要求。[3]

两种权利的不同如表2-1所示:

---

[1] 见王德志《论中国学术自由的宪法基础》,《中国法学》2012年第5期,第5页;湛中乐、黄宇骁:《再论学术自由:规范依据、消极权利与积极义务》,《法制与社会发展》2017年第4期,第90页;谢海定:《学术自由的法理阐释》,中国民主法制出版社,2016,第191~195页。

[2] 〔美〕罗伯特·波斯特:《民主、专业知识与学术自由:现代国家的第一修正案理论》,左亦鲁译,中国政法大学出版社,2014,第6~29页。更多讨论见本书第一章。

[3] 〔美〕罗伯特·波斯特:《民主、专业知识与学术自由:现代国家的第一修正案理论》,左亦鲁译,中国政法大学出版社,2014,第30~38、61~67页。

表 2-1　表达自由与学术自由的主要区别

表达自由	学术自由
民主正当	民主胜任
平等、民主	歧视性、精英主义
属于全体或多数公民	属于少数人
没有门槛和资质	有门槛和资质
公共对话中	公共对话外
发言者本位	听众本位
首先服务于自身利益	首先服务于公众

如果宪法第 47 条事关学术自由,那我们对第 47 条就必须采取精英主义的立场,这会产生至少三方面的影响:第一,只有少数适格主体才可以主张这一权利;第二,行使这一权利有很高的门槛,表达的内容要经受严格审查;第三,行使学术自由首先是为了服务他人和公众,而不是满足自我表达。

但这有违宪法第 47 条的设计初衷和"人民当家做主"的精神。首先,本条的设计初衷是吸纳和包容,而非淘汰和排除。宪法第 47 条希望全体公民都能够参与到文化和创造性活动中,而不受是否具有相关学历资质、是否在某些机构任职或是否"成名成家"的限制。其次,既然希望吸纳全体公民,则本条不会对表达内容设置门槛和要求,不能用顶级学术期刊审稿的逻辑要求普通公民。换言之,确保普通公民有进行文化和创造性表达的自由,并不是要求他们创造出"两弹一星"这样的科学成就，或创作出可以传世的杰作（如果能有这种正外部性当然更好），而是希望他们能够通过参与和表达，成为文化的创造者而非仅仅是被动的接受者和消费者。

人民在文化上当家做主可以催生出一种有利于普通民众更多、更实质性地参与的文化。这里所说的"文化"有两层含义：第一，在狭义意义上，普通公民能够参与文学、音乐、绘画、戏剧、影视等各种形式和内容的文化作品的创造和传播；第二，更重要的是，在广义意义上，人民应能够参与共同价值和理念的塑造，人民可以定义我们是谁，什么是"我们的生活方式"（our way of life）。[1]

这种理念或可上溯至《新民主主义论》。[2] 值得注意的是，这篇文章在1940年2月15日首次发表时的题目为《新民主主义的政治与新民主主义的文化》，[3] 这已多少体现出政治与文化并重的"二元"理念。文章对民主文化的定义简单直接："这种新民主主义的文化是大众的，因而即是民主的。它应为全民族中百分之九十以上的工

---

[1] 上述对文化的定义借鉴自特里·伊格尔顿，伊格尔顿认为"文化"有三层含义：（1）各种文学和艺术作品的总体；（2）社会中习俗、传统、道德和价值观的综合；（3）决定了一个社会之所以不同于其他的，包括艺术、经济、社会、政治和意识形态等方面在内的总体生活方式（the whole way of life）。Terry Eagleton, *The Idea of Culture*, Wiley-Blackwell, at 35（2000）.

[2] 毛泽东：《新民主主义论》，载《毛泽东选集》（第2卷），人民出版社，1991，第662~711页。

[3] 毛泽东：《新民主主义论》，载《毛泽东选集》（第2卷），人民出版社，1991，第662页。

农劳苦民众服务,并逐渐成为他们的文化。"①

民主文化的关键是"逐渐成为他们的文化"。仅靠"文艺为工农兵"、"文艺为人民服务"是不够的。除了成为"被服务"的对象,人民还应有更多主动的创造和参与。要实现这一理想,就必须赋予公民进行文化和创造性表达的自由。宪法第47条就是这样被塑造出来的,它注重的是过程而非结果。在此过程中,公民得到了教育和提升,从而成为更好的公民、国家更好的主人。公民的教育和成长才是宪法第47条真正的关切所在。

2.3 纵向解读:表达权宪法保护的历史演变

2.3.1 之前几部宪法中与表达权有关的规定

如果说八二宪法对表达自由的规定是以"政治+文化"的二元形式出现的,第三部分则以此为线索转向对历史的考察:一、这种政治与文化并重的二元模式是否也出现在之前的几部宪法中;二、具体的条款在每部宪法中是如何演变的。

2.3.1.1 《共同纲领》与表达权有关的规定

第一个被考察的文本是在1949~1954年曾起到临时

---

① 毛泽东:《新民主主义论》,载《毛泽东选集》(第2卷),人民出版社,1991,第708页。

宪法作用的《中国人民政治协商会议共同纲领》（以下简称《共同纲领》）。在《共同纲领》中，第一章总纲第 5 条规定是对一般性政治表达的保护：

> "中华人民共和国人民有思想、言论、出版、集会、结社、通讯、人身、居住、迁徙、宗教信仰及示威游行的自由权。"[①]

与现行宪法第 35 条相比，《共同纲领》第 5 条仅有两处不同：第一，在内容上，除了政治表达，人身自由、信仰自由和通信自由等多项权利也被一并"打包"收入；第二，《共同纲领》使用的主语是"人民"而非"公民"。

但类似现行宪法第 47 条对文化表达的保护却在《共同纲领》中遍寻不着。不过，在第五章"文化教育政策"中，有两个条文或与文化表达有关：

首先是第 41 条：

> "中华人民共和国的文化教育为新民主主义的，即民族的、科学的、大众的文化教育。人民政府的文化教育工作，应以提高人民文化水平、培养国家建设人才、肃清封建的、买办的、法西斯主义的思

[①] 《中国人民政治协商会议共同纲领》，载王培英编《中国宪法文献通编》，中国民主法制出版社，2007，第 266 页。

想、发展为人民服务的思想为主要任务。"①

其次,是第45条:

"提倡文学艺术为人民服务,启发人民的政治觉悟,鼓励人民的劳动热情。奖励优秀的文学艺术作品。发展人民的戏剧电影事业。"②

第41条关于新民主主义文化应是"民族的、科学的、大众的"的要求,应继承自《新民主主义论》。③ 第41条后一句和第45条提高人民文化水平以及为人民服务的理念,则可能更多来自《在延安文艺座谈会上的讲话》。④

结合文化表达条款的缺失和第41、第45条的内容,借用《在延安文艺座谈会上的讲话》中的表述,《共同纲领》主要涉及的是"一个为群众的问题和一个如何为群众的问题"⑤。对于如何实现"逐渐成为他们的文化"

---

① 王培英编《中国宪法文献通编》,中国民主法制出版社,2007,第271~272页。
② 王培英编《中国宪法文献通编》,中国民主法制出版社,2007,第272页。
③ 毛泽东:《新民主主义论》,载《毛泽东选集》(第2卷),人民出版社,1991,第662~711页。
④ 毛泽东:《在延安文艺座谈会上的讲话》,载《毛泽东选集》(第3卷),人民出版社,1991,第847~879页。
⑤ 毛泽东:《在延安文艺座谈会上的讲话》,载《毛泽东选集》(第3卷),人民出版社,1991,第853页。

的要求，《共同纲领》并未涉及。

2.3.1.2　五四宪法中与表达权有关的规定

第二个考察的文本是新中国的第一部宪法——五四宪法。人们常说现行宪法"继承和发展"了五四宪法。① 从政治和文化表达这两个角度来讲，八二宪法第35和第47条在五四宪法中的确均能找到"原型"。

从政治表达的角度，五四宪法第87条可被视作八二宪法第35条的原型："中华人民共和国公民有言论、出版、集会、结社、游行、示威的自由。国家供给必需的物质上的便利，以保证公民享受这些自由。"② 两个条款唯一的不同在于，八二宪法删去了五四宪法关于国家应提供便利的论述。

在文化表达上，五四宪法第95条规定："中华人民共和国保障公民进行科学研究、文学艺术创作和其他文化活动的自由。国家对于从事科学、教育、文学、艺术和其他文化事业的公民的创造性工作，给以鼓励和帮助。"③

与政治表达一样，八二宪法第47条与五四宪法第95条的不同主要限于表述和语词。首先，八二宪法把五四

---

① 彭真：《关于中华人民共和国宪法修改草案的报告》，载王培英编《中国宪法文献通编》，中国民主法制出版社，2007，第57页。
② 《中华人民共和国宪法》（1954），载王培英编《中国宪法文献通编》，中国民主法制出版社，2007，第211页。
③ 王培英编《中国宪法文献通编》，中国民主法制出版社，2007，第212页。

宪法中国家"保障公民……的自由"变更为更加现代、更体现权利保障意识的"公民有……的自由"。其次，在强调国家的积极义务时，八二宪法在列举时增加了"技术"和"有益于人民的"限定语，并将"科学、教育、文学、艺术"的顺序调整为"教育、科学、技术、文学、艺术"。除此之外，我们基本可以说八二宪法"恢复"了五四宪法对表达权的规定。

2.3.1.3 七五宪法和七八宪法中的有关规定

限于篇幅和主题，本章不打算对七五和七八宪法展开过多论述。在七五宪法中，对政治表达的规定虽然得到保留（第28条），但却被"塞"进了太多内容，变成了一个大杂烩。而与文化表达有关的条款则被彻底删去。七八宪法对与政治表达有关的条款和与文化表达有关的条款做了一定程度的恢复（第45条和第52条）。但以第45条为典型代表，可见七八宪法仍未走出错误的阴影。

虽历经曲折，但八二宪法最终重塑了"人民当家做主"的宪法精神和五四宪法所确立的"二元"表达权保护，中国宪法对表达权的保护得以重回正轨和常态。

2.3.2 一个佐证：1953年草案第20条

最后，新近发现的一则史料也可为理解宪法第47条的目的提供一些佐证。这就是1953年《中华人民共和国宪法草案初稿》（以下简称"1953年草案"）中的第20条。[①] 1953年草案应是目前已知最早的宪法草案版本。[②]

先简单介绍下1953年草案的背景。1952年底，中共中央向全国政协提议，于1953年召开全国和地方各级人民代表大会会议，制定新中国第一部宪法。[③] 第一届政协常委会对此表示赞同，并向中央人民政府委员会提出了相关建议。[④]

1953年1月13日，中央人民政府委员会第20次会议通过了《关于召开全国人民代表大会及地方各级人民代表大会的决议》，[⑤] 由毛泽东担任主席的宪法起草委员会也于同期成立。[⑥] 根据决议，将于"1953年召开由人民用普选方式产生的乡、县、省（市）各级人民代表大会，并在此基础上接着召开全国人民代表大会。在这次

[①] 韩大元：《1954年宪法制定过程》，法律出版社，2014，第85~88页。该草案是韩大元教授进行五四宪法的历史和档案研究时发现的，据韩大元教授回忆，在2004年第一版《1954年宪法与中国宪政》出版时，他尚未看到这份史料，直到《1954年宪法与中国宪政》第二版于2008年问世后，这份草案才首次公之于世。参见韩大元《1954年宪法与中国宪政》（第二版），武汉大学出版社，2008，第68页。

[②] 另一较早版本是陈伯达于1953年11~12月起草的宪法第一稿，但陈稿并没有被宪法小组采用，且现已无法找到。而且从时间上看，该版本也晚于1953年5月就下发讨论的1953年草案。更多讨论，见韩大元《1954年宪法制定过程》，法律出版社，2014，第88~90页。

[③] 韩大元：《1954年宪法制定过程》，法律出版社，2014，第75页。

[④] 韩大元：《1954年宪法制定过程》，法律出版社，2014，第75~76页。

[⑤] 全国人大常委会办公厅、中共中央文献研究室编《人民代表大会制度重要文献选编》（一），中国民主法制出版社、中央文献出版社，2015，第133~135页。

[⑥] 全国人大常委会办公厅、中共中央文献研究室编《人民代表大会制度重要文献选编》（一），中国民主法制出版社、中央文献出版社，2015，第133~135页。

全国人民代表大会上，将制定宪法，批准国家五年建设计划纲要和选举新的中央人民政府。"[1]

按照最初计划，第一届人大和第一部宪法应于1953年诞生。后由于种种原因，新宪法起草和人大筹备工作被推迟至1954年才完成。[2] 但在1953年5月3日，中共中央办公厅曾下发了一份《中华人民共和国宪法草案初稿》（第一部分）。根据韩大元教授对历史档案的研究，这份草案"可能是为1953年召开全国人民代表大会而准备的草案，后因时间推迟，没有继续完成"。

1953年草案目前仅有第一部分，包括序言和总纲。总纲有36条，其中第一节关于中华人民共和国国体、政体、武装力量和领土等内容，共计8条。[3] 第二节关于经济制度，共8条。[4] 第三节是"公民的基本权利和义务"，有20个条文。[5] 其中第20条属于"公民的基本权利与义务"一节，原文如下：

"①中华人民共和国公民，有思想、言论、集会、结社等自由权利，②并为保证科学家和文学艺术家能够充分发展有利于祖国和人民的创造性的劳

---

[1] 全国人大常委会办公厅、中共中央文献研究室编《人民代表大会制度重要文献选编》（一），中国民主法制出版社、中央文献出版社，2015，第134页。
[2] 韩大元：《1954年宪法制定过程》，法律出版社，2014，第82~83页。
[3] 韩大元：《1954年宪法制定过程》，法律出版社，2014，第86~87页。
[4] 韩大元：《1954年宪法制定过程》，法律出版社，2014，第87页。
[5] 韩大元：《1954年宪法制定过程》，法律出版社，2014，第87~88页。

动，③国家尽量在物质上和其他方面给予帮助。"①

韩大元教授认为这一条"与1954年宪法第87条相同"。② 笔者认为，第20条的第一个分句的确与五四宪法的第87条和八二宪法的第35条十分接近，是一个典型的政治表达条款。另外，乍看之下，第20条的后两个分句似乎也与五四宪法的第95条和八二宪法的第47条相似。

抛开第一个分句（对传统政治表达的保护）不谈，1953年草案第20条的后两个分句与本章主题最为相关。1953年草案第20条与五四宪法第95条和八二宪法第47条最大的不同是主语，而主语的背后则是两种完全不同的权利。

虽然看似都在保护科学研究和文学艺术创作，但五四宪法和八二宪法保护的主体都是"中华人民共和国公民"，而1953年草案则是"科学家和文学艺术家"。按照本章之前的分析，五四宪法第95条和八二宪法第47条是关于文化表达或表达自由的条款，而1953年草案第20条后两句才是一个地道的与学术自由有关的条款。换言之，如果现行宪法第47条真的事关学术自由的话，它更应该长成1953年草案第20条的模样。

1953年草案的直接证明力当然是有限的，但它的价值在于为我们理解宪法第47条提供了一个参照或线

---

① 韩大元：《1954年宪法制定过程》，法律出版社，2014，第87页。
② 韩大元：《1954年宪法制定过程》，法律出版社，2014，第87页。

索。特别是，1953年草案第20条是对"无意说"或"大意说"的一种回应。根据"无意说"或"大意说"，制宪者在写下五四宪法第95条和八二宪法第47条时，尽管使用的是"中华人民共和国公民"，但他们并非有意做出这种区分。五四宪法第95条和八二宪法第47条中的"中华人民共和国公民"可能只是虚指或泛指，而非有意在作为多数和整体的公民与作为少数的精英学者和艺术家之间做出区分。学者、科学家和艺术家本也是公民的一部分，规定"中华人民共和国公民"享有这些自由，其实强调的还是学者、科学家和艺术家的权利。

然而1953年草案则表明，在制宪者眼中，上述区别是真实存在的。保护"科学家和文学艺术家"的学术自由和保护全体"中华人民共和国公民"的表达自由是两回事。草案第20条反映了制宪者当时的关切——保护科学家和文学艺术家等少数精英的自由，这更接近我们通常所说的学术自由。但出于某种原因，这一条款在五四宪法中被改为保护普通公民"进行科学研究、文学艺术创作和其他文化活动的自由"。换言之，五四宪法中的文化表达条款取代了1953年草案中的学术自由条款，而这在八二宪法的第47条中也得到了延续。

由于史料的缺乏，我们目前无法得知这一改变为何发生；但我们至少清楚，这一区别的确存在，而改变也确曾发生，它应该被反映到对宪法的解释中去。

2.4 结语

前文首先论证了我国现行宪法第47条事关普遍的文化表达而非精英的学术自由，它旨在保护成千上万普通中国公民——而不是科学家和艺术家——进行文化和创造性表达的权利。与保护公民政治表达的第35条一起，第47条和第35条构成了一种政治与文化并重的二元表达自由保护——这是为了确保在这个人民民主的共和国中，人民不仅在政治上当家做主，也要在文化上当家做主。

本章的论证主要是从规范和应然的角度，讨论中国宪法第47条应该如何被理解。但在应然之外，其实同样有现实的理由支持这种对第47条以及中国宪法表达权的解释。

首先，强调表达自由中文化表达的重要性，因为它针对的是最大多数人、最常见和喜闻乐见的表达种类和形式。换言之，对绝大多数普通公民来说，这些文化或非政治表达可能才是他们最常说、最爱说的言论。这些非政治表达的价值何在？他们是否以及如何受宪法保护？宪法第47条或可为思考这些问题提供一个宪法基础。同时，与政治领域相比，文化表达所处的环境相对宽松，因此也更易出现在公民表达自由整体提升方面的突破。

其次，新技术的发展。相较于传统的印刷和广电时代,互联网、无线网络、智能手机、可穿戴设备、社交平台以及各种应用程序(App),使得普通人参与文化创造和传播变得前所未有的容易。在互联网兴起之初,欧文·费斯就曾提醒人们必须重视表达自由的"基础"(ground)。在他看来,如果"基础"发生改变,表达自由的关注甚至范式都应随之改变。[①] 杰克·巴尔金(Jack Balkin)也强调表达自由的"基础设施"(infrastructure)和"显著性"(salience)之间的关系,即新技术会把表达自由中那些被遮蔽、被抑制和被忽视的维度从后台推向前台。[②] 如果说中国宪法包含了"人民在文化上也要当家做主"的理想,那么新技术的确为实现或激活这一理想提供了"基础"或"基础设施",文化表达或许迎来了一个从后台走上前台的机遇。[③]

当然,本章只是对我国宪法第47条和表达权保护进行解读的一种尝试。本章不敢奢望、也不希望所有人都会同意这种解读。引发对话、讨论和批评是本章的目的。对一部宪法来说,最可怕的不是分歧和争论,而是无视和"无关"。活跃和多元的争论恰恰可以形成足够的"势能",为我国宪法成为一部"活的宪法"做好智识和理论储备。

[①] Owen Fiss, "In Search of a New Paradigm", 104 *Yale L. J.* 1613 (1995).
[②] Jack Balkin, "Digital Speech and Democratic Culture: A Theory of Freedom of Expression for the Information Society", 79 *N. Y. U. L. Rev.* 5 (2004).
[③] 更多讨论,见本书第四章。

第三章 质与器：「基于媒介」模式与大众传播时代的表达权

3.1 引言

这一章讨论"器"与"质"。在这里，"器"指的是表达自由的媒介或容器，"质"则是言论本身或内容。在传统对表达自由的思考中，处于前台的表达自由的"质"总比处于后台的"器"能够赢得更多关注。无论是对"基于内容"（content-based）规制的禁止，对"内容中立"（content neutral）的要求，还是传统表达自由教科书按照言论内容种类编排的体例，都体现了对言论内容的重视。传统对表达自由的思考仿佛处于一个没有媒介存在的真空之中——大家只关心处于表层的言论的内容，而不去考虑在表层之下是什么样的媒介和平台（仅有的涉及媒介的讨论被压缩在新闻自由这个细分领域之下，但正如下文将要论述的，传统对新闻自由的思考也是首先把纽约时报等媒体抽象成一个发言者[①]——而

[①] Lucas Powe, *The Fourth Estate and the Constitution: Freedom of the Press in America*, University of California Press, at 241 (1991).

第三章 质与器:"基于媒介"模式与大众传播时代的表达权

非媒介,然后根据"街角发言者"范式来进行处理)。

大众媒体时代的到来,使媒介的作用得到前所未有的凸显。这对表达自由理论上构成的挑战是,传统无媒介式的表达自由和大众媒体时代的表达自由,以及新闻自由和表达自由间的潜在张力开始显现。比如,当政府禁止一家报纸发表批评言论时,我们都很清楚地知道这家报纸的"新闻自由"应当得到保护。可是,如果在一场全国性的政治辩论中,一位公民试图通过报纸阐述己方观点却遭到媒体的拒绝该怎么办?公民主张自己有权通过报纸这样的大众媒体发表自己的言论——公民的表达自由,而报纸同样声称选择刊登或不刊登某些言论完全是他们的自由——媒体的新闻自由。在这种时候,应该优先保护公民的"表达自由"还是报纸的"新闻自由"?

在这个虚拟的具体争议中,可以引申出一系列大众传播时代表达自由的基本理论问题:在大众媒体时代,如何处理新闻自由和表达自由间的潜在冲突?应如何认定报纸、广播、有线电视和互联网的角色?不同形态和属性的媒介又会对其上的言论产生何种影响?针对不同媒介该适用什么样的表达自由模式和标准?当表达自由的"器"开始对"质"产生前所未有的影响时,如何摆好"器"与"质"的关系?又如何把"器"——媒介——这一因素纳入表达自由中来思考?

20世纪70年代前后,伴随着大众媒体特别是广播在美国社会的发展，美国最高法院和学界同样面临上述问题和挑战。在 1969 年的 Red Lion Broadcasting v. FCC 案[①]（以下简称"红狮案"）和 1974 年的 Miami Herald v. Tornillo 案[②]（以下简称"托尼罗案"）中，最高法院针对广播和报纸这两种不同的媒体分别确立了两种截然相反的表达自由模式。我们将红狮案所确立的模式称为"基于媒介"模式，而托尼罗案所代表的则称为"街角发言者"。面对这两种截然相反的模式，应如何做出选择？

3.2 两种模式之争："街角发言者" vs. "基于媒介"

如前所述，在面对大众媒体上的表达自由问题时，美国学界存在两种针锋相对的观点。总体而言，双方的根本分歧主要基于对这样一个问题的回答——在思考表达自由问题时，究竟应该把大众媒体视作一种"媒介"（medium）还是一个"发言者"（speaker）？

最高法院第一次较为全面、系统地阐述这两种观点分别是在涉及广播的红狮案和涉及报纸的托尼罗案中。本节通过对这两份判决书以及其后理论背景和意义的分析，将这两种对表达自由的思考模式呈现给读者。

---

① 395 U.S. 367 (1969).
② 418 U.S. 241 (1974).

3.2.1 红狮案

3.2.1.1 背景分析

红狮案的时代背景是广播作为一种全新的大众媒体的兴起。尽管我们可以一直追溯到 19 世纪末电话和无线电的发明，但广播业真正的兴起和发展却是在 20 世纪 20 年代。在这期间，美国广播电台的数量猛增，第一批定期收听广播的听众产生。[1] 无线电广播从美国海军控制下的船对岸、船对船的通信工具和无线电迷的业余爱好变成了一种新的大众媒体。[2]

广播似乎从诞生之时起就伴随着管制。1912 年，美国国会颁布了《1912 年无线电法》(*Radio Act of 1912*)，规定所有的无线电发射器必须获得联邦政府颁发的执照。经历了 20 世纪 20 年代广播的大发展，以及因同一频谱上过多信号互相干扰所带来的大混乱，国会在十五年后通过了《1927 年无线电法》(*Radio Act of 1927*)。联邦无线电委员会 (Federal Radio Commission) 就是依该法而创立的，其任务主要是"对无线电台进行分类、表明其服务性质、指定波长、确定发射机的功率和位置、规定所用设备种类和制订防止干扰的法规"[3]。七年后，国会在

---

[1] 〔美〕迈克尔·埃默里、埃德温·埃默里：《美国新闻史》，展江等译，新华出版社，2001，第 307~317 页。
[2] 〔美〕罗纳德·科斯：《联邦通讯委员会》，载《论生产的制度结构》，上海三联书店，1994，第 45 页。
[3] 〔美〕罗纳德·科斯：《联邦通讯委员会》，载《论生产的制度结构》，上海三联书店，1994，第 50 页。

对《1927年无线电法》大量修订的基础上通过了《1934年联邦通讯法》(Federal Communication Act of 1934，以下简称《1934年通讯法》)。

这部法律对后世深远的影响主要体现在两方面。首先，"传播"（communication）第一次成为国会立法规制的对象。"传播"在英文中所包含的意思非常广泛，这一概念的提出使得该法的调整对象从狭窄的"无线电"扩展到了包括电话、电报、电台在内的所有"通讯或传播"形式。而后来出现的有线电视、卫星以及互联网等新媒体和传播形式也统统可以被纳入其中。其次，该法创立了今天我们所熟悉的联邦通讯委员会（Federal Communication Commission，简称FCC），从后来的发展看，这一机构几乎成了美国一切媒体和通讯管制的中心。可以说，今日美国媒体和传播管制的基本框架是由《1934年通讯法》所确立的。

《1934年通讯法》第315条是有关"公平原则"(Fairness Doctrine)"的规定。这一原则要求广播者在涉及公共议题时，应给予持不同观点的各方公平的报道。"公平原则"在广播管制中有着悠久的传统，FCC的前身联邦无线电委员会在成立后不久就提出了"公平原则"，在该原则被《1934年通讯法》吸收后，FCC又出台规定进一步细化了这一原则。

根据FCC的规定，"公平原则"的要求包括个人攻击（personal attack）和政治评论（political editorials）两

第三章 质与器:"基于媒介"模式与大众传播时代的表达权

方面。个人攻击的要求是指,在对公共问题的辩论中,如果其中一方的某一明确成员或群体的诚实、正直以及其他人格受到攻击,广播执照持有人应在一周内通知被攻击一方以下事项:(1)广播者的身份及播出日期、时间;(2)攻击的录音或脚本(若无法提供,则应提供准确的摘要);(3)在己方进行回应的合理机会。政治评论的要求则是指,如果执照持有人在政论中支持或反对某一合法候选人,则应在24小时内通知其他候选人或政论中反对的候选人以下事项:(1)政论发表的日期、时间;(2)政论的录音或脚本;(3)为有关候选人或其发言人提供合理回应的机会。如果广播者无法履行"公平原则"的要求,FCC有权拒绝其广播执照到期后的再次申请。

1964年11月27日,红狮广播公司(以下简称"红狮公司")在宾夕法尼亚州下属的一个广播电台播出了一则由比利·詹姆斯·哈金斯牧师主持的名为"十字军"的节目。在节目中,哈金斯牧师在讨论《戈德华特:极右分子》(*Goldwater-Extremist on the Right*)[①]一书时,声称该书作者弗里德·J.库克曾因对市政官员的不实指控被炒鱿鱼,后又不断攻击胡佛和中央情报局。库克听到节目后认为这是对他的个人攻击,因此要求电台为他提供免费的时段进行回应,但这一要求遭到了拒绝。与红

---

① 巴里·戈德华特(Barry Goldwater, 1909~1998),1964年共和党总统候选人,被认为是美国保守主义复兴的精神领袖和旗帜性人物。

狮公司多次交涉未果后，库克以违反FCC的公平原则为由提起诉讼，红狮公司则辩称FCC的这一要求侵犯其言论和新闻自由。哥伦比亚特区上诉法院支持了库克的诉求，认定公平原则合宪。红狮公司不服，将本案上诉到了最高法院。

3.2.1.2 判决分析：作为媒介的广播与频率稀缺性

本案的争议焦点是：FCC的"公平原则"是否侵犯了以红狮公司为代表的广播者的新闻自由。参加庭审的7位大法官[①]全体一致认定，公平原则并不违反第一修正案。怀特大法官撰写了法庭意见。

法庭意见指出红狮公司的全部主张都来自第一修正案。更具体一点，红狮公司的主张是基于一种非常简单、直接的逻辑——正如法律不得禁止一个人出版和发表他所想说的言论一样，广播者发表自己言论和表达意见的权利同样应该受到保护。显然，红狮公司是将自己通过特定频率播出节目的行为等同于个体的发言者在说话："宪法第一修正案保护他们有权使用分配到的频率播出他们想要播出的节目，并使他们有权拒绝某些人使用他们的频率。任何人都不应被阻止发表其观点，也不应被要求在其言论中给予他的对手的观点以相同的比重。"换言之，红狮公司认为自己不愿意播出库克的回应，是因为自己不愿意"说出"这样的言论或观点，既然自己不想

---

① 福塔斯法官因面临弹劾而辞职，道格拉斯法官因故也未出席。

说，FCC也无权强迫自己说。红狮公司的全部主张基于这样一个前提：他们播出节目的行为与个人说话、发言在本质上相同。

但法庭意见对于红狮公司这种广播公司的身份认定另有主张。法庭意见并不接受红狮公司的这种逻辑（或类比）。法庭意见中的下面这句话十分关键："广播业当然是受第一修正案影响的一种媒介（medium），但不同媒体的不同性质使得应对其适用不同的第一修正案标准。"在这短短的一句话中，怀特大法官就为广播确立了一种全新的身份——媒介，而这显然不是红狮公司自己所主张的像个人或报纸一样的"发言者"身份。法庭意见不认为红狮公司播出节目的行为是在"说出"它的观点。法庭意见对广播者的"媒介"而非"发言者"身份的认定，将会对后来的一系列案件产生深远的影响。

接下来，法庭意见就开始讨论广播这种媒介究竟具有什么属性。在这里，最高法院提出了本案最为著名的一个观点——广播频率的稀缺性。法庭意见指出"1927年以前，频率的分配完全掌握在私人部门手中，而这导致的结果就是一片混乱。"这种混乱是指在同一频率上一下子拥入了太多的广播者，他们人声嘈杂而且彼此的信号互相干扰。正是这种混乱促使国会在1927年通过创立联邦无线电委员会和其后的一系列立法来管理和分配频率。最高法院接下来的论述也许大家耳熟能详："在想要广播的人远多于可分配的频率的地方，坚持一种和个人说话、写作和出版一样不受限制的广播的第一修正案权利是愚蠢的。如果只有10个频率可供分配而有100人申请广播，即便他们对于执照都拥有相同的'权利'，为了能够实现有效的无线电传播，只有很少的人能够获得执照而剩下的则被排除在电波之外。"

但是如果按照红狮公司的理解，第一修正案的目的就在于保护每个主体享有"表达和言说"的权利，FCC分配频率的做法的确可以保证那10个人说出的话是清晰的，但另外90个人的第一修正案权利怎么办？为了回应这一质疑，最高法院为第一修正案找到了一个全新的目的——"保护和促进传播与交流"。这同样是一个之前从未出现过的观点。如果将"传播"而非"言说"作为第一修正案的目的，则人人都可以在同一频率上广播，这虽然满足了单纯"说"的需要，但其并不是有效的、有意义的交流和传播。为了保护和促进"传播"，必须对广播者进行限制。公平原则剥夺广播公司"言说"权利的行为恰恰是为了避免因同一频率上信号过于拥挤而破坏"传播"。因此，公平原则看似剥夺了广播者"言说"的新闻自由，却是在促进普通公民通过大众媒体"传播和交流"的表达自由。

在提出了频率稀缺性之后，最高法院的论述并没有结束。或许是因为频率稀缺性这一命题太过著名，很多研究者在这里就认为本案的理论和宪法问题已经解决，频率稀缺性足以为公平原则奠定正当性基础。长期以来，

第三章 质与器:"基于媒介"模式与大众传播时代的表达权

无论是频率稀缺性的支持者还是反对者都忽略了这样一点,单是这一条从逻辑上并不能为公平原则提供足够的支持。如果红狮公司是因申请执照被拒而起诉,那么关于频率稀缺性的论述足以将其打发。但是为什么已经获得执照的广播者不能自由使用其获得的频率发表他(它)喜欢的言论(像普通人或者报纸那样)?广播者为什么必须履行FCC的公平原则?要回答这些问题,最高法院还需要进一步的论证。但遗憾的是,也许频率稀缺性吸引了大家太多的关注,判决书后面的内容却很少引起研究者足够的重视。

在论证了由政府分配频率的正当性后,如何确立公平原则之类直接针对广播者言论内容的管制的正当性呢?按照传统对表达自由的理解,此类"基于内容"的限制很难通过司法审查。因此,最高法院必须用一种全新的模式和框架来分析表达自由问题。而这一切的关键就是对广播者身份的重新定义。

红狮案判决最关键之处就在于,法庭意见在此否定了广播者"发言者"的身份,而将其定义为无数普通公民表达、讨论和交流的媒介和平台。"媒介"这一因素从此被引入了表达自由的思考之中。基于频率的稀缺性,国会创立FCC时就授权其依据"公众的便利、利益和必要性"(public convenience, interest and necessity)来分配频率。广播公司是因为能够服务于某种"公共利益"而获得执照,那么它对执照和频率的拥有就不是一种财产权意义上的拥有，它不能对频率实行垄断和排他性独占。那么在"公共利益"这一概念笼罩下的广播者应该扮演什么样的角色呢？按照最高法院的说法，广播公司应该"与他人分享频率并且履行其代理或受托者（proxy or fiduciary）的义务将其所在共同体内的不同观点呈现出来"。将广播的角色定义为"代理或受托者"，这首先意味着其价值和意义并不主要在于"发出"自己的言论；相反，最高法院认为广播应该是一个承载"共同体内不同观点"的媒介和平台，这是对广播作为"发言者"的新闻自由的又一次否定，同时也为"公平原则"最终获得支持奠定了扎实的基础。

在确立了广播的"媒介"身份后，接下来法庭意见用更加明确的语言强调什么才是"大众媒体上表达自由"的目的和价值。怀特大法官指出："作为一个整体的人民（people as a whole）享有无线电上表达自由的利益，并且他们拥有使媒介履行其第一修正案目的的集体权利。最为重要的是，表达自由是观众和听众——而不是广播者——的权利。"换言之，与如何保护广播者的新闻自由相比，红狮案第一次明确指出存在一个更高的甚至终极的价值和目标——成千上万普通公民的表达自由。正是根据对广播的这种定位，公平原则才得以确立其正当性。广播作为人民行使表达自由的媒介，它无权决定想"说"什么或不想"说"什么。相反，为了实现"作为一个整体的人民"的有效"传播和交流"，广播应该让公民能够发出不同的声音——判决书中所说"将共同体内的不同观点呈现出来";同时它还必须保证作为听众和观众的公民能够接触到不同的观点和思想。而媒介所扮演的这种角色,正是后来学界提出的"接近权"[①]理论,用怀特大法官在判决书中的话来说:"最为关键的是,公众能够有权接近(access)社会、政治、美学、道德和其他观点和经验。"在传统的媒体自由之上,红狮案第一次旗帜鲜明地提出了"公民的表达自由"这一更高的追求和目标。

总结起来,红狮案对后世的影响主要体现在以下两点。首先,最高法院通过将广播这一新兴的大众媒体认定为"作为一个整体的人民行使表达自由的代理或受托者"——作为媒介的广播,第一次把"媒介"这一因素引入了对表达自由的思考之中;其次,最高法院第一次提出了"基于媒介"的表达自由思考进路,主张要基于各种媒介的不同属性来适用不同的表达自由的标准和原则——而频率稀缺性就是法庭意见所发现和认定的媒体属性。

3.2.2 托尼罗案

3.2.2.1 背景分析

与红狮案相比,托尼罗案则代表了一种完全不同的模式。

[①] Jerome Barron, "Access to the Press—A New First Amendment Right", 80 *Harv. L. Rev.* 1641 (1967).

托尼罗案争议的法律是佛罗里达州州法中有关"回应权"的规定。这条规定与红狮案中的"公平原则"几乎完全一致,只不过它所针对的对象从广播变成了一种更为传统的大众媒体——报纸。所谓"回应权"是指,如果任何一家报纸上出现了对参与提名或选举的候选人个人品格或官方记录的攻击,则候选人有权要求这家报纸免费刊登他(她)的回应,并且这种回应必须与针对候选人的攻击拥有同样的版面、篇幅和形式。

本案的被上诉人帕特·托尼罗(Pat Tornillo)是佛罗里达州达德镇教师工会的负责人,他曾经因多次组织教师罢工而出名。但真正使他在南方不受欢迎的,却是他有关资助古巴难民儿童和消除学校中的种族隔离的主张。托尼罗准备在1972年的秋天参选佛州众议院议员。同年9月20日,本案上诉人迈阿密先驱报刊登了一则批评和质疑托尼罗的政评。这则名为"州法与托尼罗"的评论声称"托尼罗通过非法罢工来破坏公共利益……他缺乏一名立法者应有的知识"。看到这则评论后,托尼罗就要求报纸为他提供条件进行回应。不久后,迈阿密先驱报又发表了名为"瞧瞧托尼罗这个人"的社论,并配以一张除空课桌外再无他物的教室照片,评论中说"这个在1968年给我们带来教师罢工的人哪配告诉我们为负责任的政府投票"[1]。在要求遭到拒绝后,托尼罗就以违

---

[1] Lucas Powe, *The Fourth Estate and the Constitution: Freedom of the Press in America*, University of California Press, at 262-267 (1991).

反"回应权"为由提起诉讼。迈阿密先驱报则认为州法中有关回应权的规定是对其言论内容的限制,属于对新闻自由的侵犯,并由此主张"回应权"条款违宪。本案于1974年提交到了最高法院。

3.2.2.2 判决分析:作为发言者的报纸与接近权

首席大法官伯格在判决书的开篇就点出了本案的关键:州法赋予候选人对批评和攻击进行回应的权利是否侵犯了报纸业的新闻自由。需要注意的是,伯格大法官在这里特别使用了新闻自由而不是表达自由。与红狮案相同的是,这又是一份全体一致的判决,9位法官选择了同样的立场。然而本案的最终结果却与红狮案南辕北辙,法庭意见最终认定州法对回应权的规定侵犯了报纸的新闻自由。

具体来说,迈阿密先驱报对于"回应权"的挑战基于以下三点:(1)这种"基于内容"的管制是违反了第一修正案的;(2)该法过于模糊(vague),从而导致编辑难以判断;(3)该法没有区分批评性评论与诽谤。上诉人提出的这三项挑战既很常见也并不复杂,几乎与红狮案中广播公司对公平原则所提出的异议完全一样。

托尼罗一方则把自己的大部分主张建立在红狮案的基础上。特别是最高法院在红狮案中曾经明确地承认新闻媒体应该确保"公众能够有权接近社会、政治、美学、道德和其他观点和经验。"这被学界普遍视作最高法院对杰里米·巴隆（Jerome Barron）教授所提出的"接近权"①理论的认可和接受。在本案中，巴隆教授更是亲自上阵为托尼罗辩护。

整篇法庭意见基本就围绕着"接近权"展开。但这种争论的背后仍旧是关于报纸身份认定的争论——因为只有作为"媒介"的大众媒体才有"接近"的可能。伯格大法官认为，接近权理论是基于这样一种对历史的想象："在第一修正案作为权利法案的一部分而被通过的1791年，新闻界能够广泛地代表其所服务的人民。"这种广泛的代表性可能出于两个原因：一是观点的多样性，即尽管当时的报纸各自所代表的观点都是高度派性和狭窄的，但新闻界作为一个整体却能较为全面地反映民众的意见；二是报纸进入门槛较低，一些宣传小册子和书本的存在也为那些难以进入相对正式媒体的非主流观点提供了另一种渠道。支持接近权的一方借用霍姆斯大法官有关"思想市场"的论述声称，只有不同观点能够较为容易地接近传播的渠道，真正的思想市场才能存在。

但伴随着媒体技术和产业的迅速发展，普通公民却在失去"接近"媒体的机会。一些媒体巨头和辛迪加开始产生，媒体和新闻界日益垄断化和专业化。而伴随这一趋势的，是媒体不再是人民观点的代言和中介，媒体开始具有其独立且强烈的意识形态和政治观点。这就是

---

① Jerome Barron, "Access to the Press—A New First Amendment Right", 80 *Harv. L. Rev.* 1641 (1967).

第三章 质与器:"基于媒介"模式与大众传播时代的表达权

所谓"阐释性报道"(interpretive reporting)和"鼓吹式新闻"(advocacy journalism)的出现。[①] 由此带来的危险是,这些现代传媒帝国很容易利用他们大量的、不受制衡的权力来传播偏见和操控报道。正如伯格大法官所承认的那样,公众彻底丧失了回应的能力和参与讨论的有意义的途径。这种对传播手段的垄断使得除了极少数作为专业人士的读者之外,几乎不存在任何批评的声音。

托尼罗一方特别引用了由时任芝加哥大学校长的哈钦斯(Robert Hutchins)领导的委员会于1947年所发布的《一个自由而负责的新闻界》报告[②]中的一段话:"像其他大型机构一样,这种全国新闻媒体的日益集中导致日益远离和漠视其民众基础——这些他们本应依靠而同时也依靠着他们的人民。"无论是接近权理论,还是哈钦斯报告,很大程度上都是基于"思想市场"的模型,将对商品市场出现的垄断的担心类比到思想市场上,从而主张在思想市场同样"反垄断"。因此,哈钦斯报告的特别之处其实就体现在它的名字中,即强调在确保新闻界"自由"的同时,要求其必须"负责"。而接近权理论就是将要求新闻界"负责"的方式进一步明确——一个人民能够接近的媒体,才是自由而负责的媒体。

5年前的(指1964年——笔者注)红狮案自然是托

[①] 〔美〕达洛尔·M.韦斯特:《美国传媒体制的兴衰》,董立译,北京大学出版社,2010,第74~78页。
[②] 〔美〕新闻自由委员会:《一个自由而负责的新闻界》,展江等译,中国人民大学出版社,2004。

尼罗一方频频引用的依据。被上诉人借用红狮案中关于媒体是人民的"代理或受托者"的观点，主张"报纸应该成为公众的代理，像财产照管人一样履行其受托职责"。简言之，托尼罗一方主张报纸和广播一样，都只是（或者首先是）人民行使表达自由的媒介和平台。而在这种意义上，"回应权"就像"公平原则"一样，是在保护而不是限制广大公民的表达自由。

在对托尼罗一方的接近权主张进行了一番细致梳理后，法庭意见却话锋一转，认为接近权理论不符合由最高法院判例所形成的传统。伯格大法官认为"无论上述观点（接近权）多么有力，对有强制力的接近权的执行都会催生某种政府或民间的机构。而政府的强制一旦出现，就会与第一修正案及多年来相关的判决发生冲突。" 5年前的红狮案仍历历在目，伯格法官现在所说的这个"传统"究竟是一个什么样的传统？

接下来，法庭意见就开始通过对先例的梳理，以论证最高法院的"传统"历来拒绝承认接近权的存在。法庭意见从1945年的 Associated Press v. United States 案[1]开始，一直到20世纪70年代初的 Branzburg v. Hayes 案[2]和 Columbia Broadcasting System v. Democratic National Committee 案[3]，伯格大法官甚至还举出了个别大法官分散在一些不知名或不相关判例的附议和异议中的只言片语，唯独就

---

[1] 326 U.S. 1 (1945).
[2] 408 U.S. 665 (1972).
[3] 412 U.S. 94 (1973).

是绝口不提5年前的红狮案。法庭意见认为，这一系列判例中体现的共同精神是"强制报纸刊登'理性告诉他们不应出版'的命令是违宪的。"佛州法律"回应权"条款尽管并没有禁止报纸说什么，但是却强迫他们必须说什么。强迫报纸必须说什么同禁止他们不许说什么一样，都是基于报纸的内容而施加的限制，因而是对新闻自由的严重侵犯。法庭意见特别指出，"一个自由而负责的新闻界"当然是一个理想的目标，但第一修正案和宪法只关注"自由"而不关心"负责"。

法庭意见特别强调，佛州法律最致命的问题是对"报纸编辑职能的侵犯（intrusion into the function of editors）"。这种侵犯会导致 New York Times v. Sullivan 案[①]中布伦南大法官所担心的"寒蝉效应"的出现——"回应权"将会使报纸编辑为避免惹上麻烦而不去触及有争议性的公共议题。但值得我们注意的是，就是在红狮案中，同样面对广播公司关于 FCC 的规定会导致寒蝉效应的抗辩，最高法院只用一句"这种担心多半是猜测性的"就将其打发。我们不禁要问，由内容几乎相同的法律所带来的寒蝉效应，为什么在广播者那里就"多半是猜测性的"，而在报纸这里就突然变成了致命的呢？

我们把红狮案和托尼罗案两份判决放在一起，也许会看出些许端倪。在红狮案中，频频出现的主语是"人民"："人民作为一个整体享有表达自由"，"第一修正案

---

① 376 U.S. 254 (1964).

是观众和听众的权利"；但在托尼罗案中，最常出现的主语则是"编辑"、"报纸"和"新闻界"，正如伯格法官在法庭意见中所说的，在佛州"回应权"之所以被推翻，就是因为其侵犯了"报纸编辑（而不是人民）"的权利。

权利主体的不同还能帮助我们发现另外一些重要的差别。在红狮案中，法庭意见所极力要保护的是人民的"表达自由"；而在托尼罗案里，法院关注的却是报纸编辑的"新闻自由"。如本章开头所言，当我们抽象地谈论第一修正案时，不会刻意在表达自由和新闻自由之间做出某种区分。这不是说两者之间不存在区别，而是很多时候我们都把新闻自由视作表达自由下属的一个分支，或者把新闻自由看作"新闻媒体的表达自由"。像纽约时报、华盛顿邮报这些新闻媒体，只是被我们当作一种特殊的"发言者"或表达自由主体。在这种情况下，我们当然不会去考虑新闻自由和表达自由之间可能出现的某种紧张和冲突。

红狮案第一次为我们凸显了新闻媒体所享有的新闻自由与人民大众所享有的表达自由之间可能存在紧张关系。红狮案在理论上的意义就在于它取消了广播这一新闻媒体作为"发言者"的身份，并赋予其作为类似于媒介和平台的新角色。而作为人民行使表达自由的媒介和平台，广播完全可以也应该受到管制。换言之，在红狮案中人民的表达自由压倒了广播的新闻自由。

但托尼罗案却截然相反。与广播一样同为大众媒体

第三章 质与器:"基于媒介"模式与大众传播时代的表达权

的报纸,却被最高法院认定为"发言者"。法庭意见在判决书最后用十分清晰的语调表明:"报纸绝不仅仅是接收新闻、评论和广告的消极的容器或渠道。"只需要把"容器和渠道"换成红狮案中的"代理或受托者",我们就会发现这是重申报纸的"发言者"身份。接近权理论的前提是媒体必须首先是"媒介",只有针对媒介才存在是否能接近的问题,"发言者"是不能够被"接近"的。而当法院拒绝承认报纸是媒介后,自然否认了普通公民有接近同样是发言者的报纸的权利。因此,最高法院最终认定佛州的回应权条款因违反第一修正案而无效。

就这样,面对几乎相同的问题,最高法院在红狮案和托尼罗案中分别做出了截然相反的判决。需要强调的是,这两份判决并非最高法院基于广播和报纸的不同属性而做出的。更为准确的表述是,这两个案子体现出的是"存在媒介的表达自由思考模式"和"不存在媒介的表达自由思考模式"的区别。从法院的逻辑来看,报纸并没有被当作一种不同于广播的媒介——最高法院是把报纸当作"发言者"而不是"媒介",报纸的媒介属性根本就没有进入最高法院的思考范围。在探究最高法院为何做出这种区分之前,我们只需认识到两份判决分别代表着两种不同的表达自由模式;而区分这两种模式的关键就在于,报纸、广播这样的大众媒体其身份究竟是"发言者"还是"媒介"。

3.2.3 两种模式之争:"街角发言者" vs. "基于媒介"

这一节将试图超越对上述两案具体判决的分析,去揭示其背后所代表的两种完全不同的表达自由思考模式:托尼罗案所代表的"街角发言者"范式和红狮案所代表的"基于媒介"模式。

3.2.3.1 两种模式的传播学背景:人际传播 vs. 大众传播

"街角发言者"与"基于媒介"之间的区别在很大程度上在于它们分别基于两种不同的传播模式:人际传播和大众传播。为了更好地理解这两种表达自由模式,我们有必要对其传播学背景进行一些简单的讨论。

所谓人际传播,是指"两个或两个以上的人之间借助语言和非语言符号互通信息、交流思想感情的活动"[1]。除自我传播外,这是最为简单、基本的一种传播类型,其传播模式和过程可以抽象为图 3-1 所示的模型[2]。

图 3-1 人际传播的模式与过程

---

[1] 邵培仁:《传播学》,高等教育出版社,2008,第 62 页。
[2] 张国良主编《传播学原理》,复旦大学出版社,2010,第 37 页。

第三章 质与器:"基于媒介"模式与大众传播时代的表达权

可以看出,在人际传播模式中并没有"媒介"的存在。这使得人际传播的模式相对简单,对它的分析基本是围绕着"传者、信息和受者"这三要素展开,即"谁(传者)"、"说什么(信息)"和"对谁说(受者)"。在这种人际传播中,由于传者和受者的面目相对简单,因此传统上对人际传播的研究主要集中在对"信息"的内容分析上。

"大众传播"这一概念直到20世纪40年代末才在美国出现。从时间上来看,传播学研究从人际传播到大众传播的"范式转换"可能受以下两个现实背景的影响。首先是报纸和广播电视这两种大众媒体在美国社会的大发展。特别是在20世纪50年代,美国家庭拥有电视机的比例从34%上升到了86%,广播电视进入了"黄金年代"。其次则是整个社会对媒体日益垄断和集中的担忧。同样是在20世纪50年代,全国广播公司(NBC)、哥伦比亚广播公司(CBS)和美国广播公司(ABS)分别控制了美国本土64家、31家和15家附属台,三大广播电视网的垄断局面正式确立。[①] 前文曾多次提及的《一个自由而负责的新闻界》报告就是诞生于这一时期。报告开宗明义地指出美国新闻界正处于一种危险之中——这种危险就是,新闻界对于人民的重要性大大提高了,但新闻界的发展也大大降低了能通过新闻界表达其观点和意

[①] 〔美〕迈克尔·埃默里、埃德温·埃默里:《美国新闻史》,展江等译,新华出版社,2001,第424页。

113

见的人的比例。[①]

1948年，美国政治学和传播学家哈罗德·拉斯韦尔（Harold Lasswell）发表《传播在社会中的结构与功能》一文（"The Structure and Function of Communication in Society"）标志着"大众传播"这一概念的正式提出。[②] 现在通行的对大众传播的定义是指"职业传播者和传播机构利用机械化、电子化的技术手段向不特定的多数人传送信息的行为或过程。"[③] 当然也有一些学者指出，伴随着互联网的出现，在职业传播者和传播机构之外，普通民众同样可以参与到传播过程中去。[④] 与人际传播相比，大众传播的过程和模式也相应复杂得多（见图3-2）。

传者 → 信息 → 媒介 → 受者 → 效果

图3-2 大众传播的模式与过程

基于上述模型，拉斯韦尔提出了他著名的"5W"模式，直到今天这仍旧是学者研究大众传播的基本框架。在《传播在社会中的结构与功能》一文中，拉斯韦尔认为对大众传播的理解和分析其实就是对5个基本问题（5W）的回答，这5个问题分别是：

[①] 〔美〕新闻自由委员会：《一个自由而负责的新闻界》，展江译，中国人民大学出版社，2004，第1~3页。
[②] 〔美〕理查德·韦斯特等：《传播理论导引：分析与应用》，刘海龙译，中国人民大学出版社，2007，第31页。
[③] 张国良主编《传播学原理》，复旦大学出版社，2010，第15页。
[④] 张国良主编《传播学原理》，复旦大学出版社，2010，第15页。

第三章 质与器:"基于媒介"模式与大众传播时代的表达权

- 谁(Who)?
- 说什么(Say what)?
- 通过什么渠道(In what channel)?
- 向谁说(To whom)?
- 产生了什么效果(With what effects)?[①]

与相对简单和传统的人际传播相比,我们不难发现大众传播模式最大的区别就是加入了"媒介"这一因素。一切表达和交流都被转移到了作为媒介的大众媒体上进行。由同一主体说出的同样内容,只要出现在不同的媒介上就会产生不同的效果。拉斯韦尔的5W模式当然是高度抽象的,但它仍能为我们大致呈现"媒介"因素为整个传播模式和分析框架所带来的变化。在大众传播模式下,围绕着拉斯韦尔所提出的5个问题,对传播的分析和研究从简单的"三要素"变成了控制分析(针对传者)、内容分析(针对信息)、媒介或渠道分析(针对媒介)、受众分析(针对受者)和效果分析(针对效果)。[②]而所有这一切改变都可追溯到"媒介"这一因素的出现。

无独有偶,被认为是"媒介决定论"奠基者的伊尼斯(Harold Innis)也于1950年和1951年先后出版了他最重要的两部传播学著作:《帝国与传播》[③] 和《传播的偏向》。[④]

[①] 张国良主编《传播学原理》,复旦大学出版社,2010,第39页。
[②] 张国良主编《传播学原理》,复旦大学出版社,2010,第39页。
[③] 〔加〕哈罗德·伊尼斯:《帝国与传播》,何道宽译,中国人民大学出版社,2003。
[④] 〔加〕哈罗德·伊尼斯:《传播的偏向》,何道宽译,中国人民大学出版社,2003。

经济史学家出身的伊尼斯通过对古代几大帝国历史的梳理，强调传播媒介对一个帝国或社会的政治、经济、文化结构的深刻影响——"一种新媒介的长处，将导致一种新文明的产生"[1]。基于这种对媒介重要性的极端强调，伊尼斯在《传播的偏向》一书中开始对不同形态的媒介所具有的特点及政治、经济和文化影响逐一进行分析——每种媒介所具有的特点就是他所说的传播的"偏向"（bias）。伊尼斯根据有利于空间上的传播（比如通过莎草纸和纸张）还是有利于时间上的传播（比如通过石刻和泥板文字）[2]来区分不同形态的媒介或许并不被一些学者所接受，但他在媒介决定论和传播偏向论中对媒介重要性的强调和分析却已深刻地影响和改变了后人的思考方式。

无论是拉斯韦尔的5W模式还是伊尼斯的"媒介决定论"，我们可以看到其核心都是对"媒介"的分析和强调。在现代社会，人与人之间私密、亲近的交流当然没有消失，但涉及大范围的交流和传播时，就需要某种具有公共性的媒介、平台和渠道。而在现代社会中，这一功能绝大多数时间只能通过报纸、广播以及后来的有线电视、互联网等大众媒体来实现。可以说，大众传播时代的一个特点就是极大地突出和强调大众媒体的作用，一切公共的传播和交流只能在大众媒体上才能实现。离开作为媒

---

[1] 〔加〕哈罗德·伊尼斯：《传播的偏向》，何道宽译，中国人民大学出版社，2003，第34页。
[2] 〔加〕哈罗德·伊尼斯：《传播的偏向》，何道宽译，中国人民大学出版社，2003，第27~48页。

介的大众媒体，任何大众和公共传播都只能是空谈。

借助人际传播和大众传播这两种不同的传播模式，我们可以说托尼罗案中对表达自由的思考是建立在人际传播的基础上，而红狮案所代表的"基于媒介"模式则是以大众传播为基础。在红狮案中，最高法院一直明确地将广播认定为"作为一个整体的人民传播和交流的媒介"，其最终对"公平原则"的支持也是以此为前提的；而在托尼罗案中，法庭意见是以一种"没有媒介存在"的模式来思考表达自由（或新闻自由）。法院讨论的核心问题一直是报纸有权"说"什么，而不是公民在报纸上说什么。因此，报纸是被当成一个特殊的"发言者"或者人际传播中的"传者"进入讨论的。对此，接下来的两小节将会有更详尽的分析和论述。

3.2.3.2 托尼罗案与"街角发言者"范式

如前所述，托尼罗案中最高法院对表达自由的思考就是建立在人际传播模式之上的。简言之，报纸在这里是被当作"发言者"而非"媒介"；或者说，这是一种"没有媒介存在"的表达自由模式。从某种程度上来说，这一模式在美国社会对表达自由的思考中具有更悠久的传统。它就是前文多次提及的"街角发言者"（the street corner speaker）范式。[1]

---

[1] Owen Fiss, "Free Speech and Social Structure", 71 *Iowa L. Rev.* 1405 (1986).

超越"街角发言者"

所谓"街角发言者"就是一个站在街头发表言论的人。费斯指出，美国对表达自由的传统理解是源自这样一个经典场景："在某个大城市的街头，一个人站在肥皂箱上开始发表批评性言论。这位批评者随后就因违反治安被警察带走。"[①] 从这样一个想象出来的场景出发，学者提出了以下一系列问题：这位街角发言者说了什么？他是否会因自己的言论而被逮捕？导致他被捕的法律是否合宪？围在肥皂箱周围的听众会产生什么样的反映？[②]

街角发言者在街头发表言论的场景正是一种最典型的人际传播。在这一街头场景中没有"媒介"的存在。"街头"不是一种媒介，之所以设计街头这一场景也正是因为在这里发言者和听众的交流是直接的和无须中介的。当我们追问这位街角发言者"说了什么"、"对谁说"等问题时，其实就是在围绕着人际传播中的"三要素"展开。正如"内容分析"是人际传播"三要素"的关键，"街角发言者"范式下对表达自由的思考同样是以言论的内容为核心而展开的。

正如托尼罗案所揭示的，新闻自由同样可以适用"街角发言者"范式。纽约时报诉萨利文案[③]和五角大楼文件案[④]中的纽约时报和华盛顿邮报当然是深具影响的大

---

① Owen Fiss, "Free Speech and Social Structure", 71 *Iowa L. Rev.* 1405, 1408-1409 (1986).
② 对街角发言者范式更详细的讨论，见本书第四章。
③ New York Times Co. v. Sullivan, 376 U. S. 254 (1964).
④ New York Times v. United States; United States v. Washington Post, 403 U. S. 713 (1971).

第三章 质与器:"基于媒介"模式与大众传播时代的表达权

众媒体。但是最高法院仍旧把它们认定为"发言者"而非"媒介"。案件核心的争议仍旧是涉嫌诽谤的言论和涉嫌泄露国家机密的文件是否应受到保护。这些内容是出现在报纸、广播还是公众集会上,是由个人还是由纽约时报或电视台发出,都不会对最终的结果产生任何影响。纽约时报和华盛顿邮报都被认定为一种身份特殊的街角发言者,而不是承载和传播的媒介。

因此,在"街角发言者"范式下,新闻自由就是新闻媒体——这种特殊的发言者——的表达自由。新闻或媒体自由其实是作为表达自由的一个分支或从属出现的。[①] 这同样可以在美国通行的《媒体法》(Media Law)或《大众传播法》(Mass Communication Law)教材中得到很好的体现。在这些教科书中,其目录基本与第一修正案教材的编排一致,内容根据种类的不同从诽谤、侵犯隐私、色情淫秽、煽动颠覆一直排列下来。唯一不同的就是主体变成了新闻媒体——这一特殊身份的发言者。[②] 总之,在传统的对表达自由的思考中,"街角发言者"这一经典模式同样被用于媒体和新闻自由。

由此可见,托尼罗案正是一个典型的基于"街角发言者"范式的判决。在这里并没有"媒介"的存在。报纸被认定为"发言者"而非"媒介",而报纸想"刊登"

---

① Lucas Powe, *The Fourth Estate and the Constitution: Freedom of the Press in America*, University of California Press, at 241 (1991).
② 参见〔美〕唐·R. 彭伯《大众传媒法》,张金玺等译,中国人民大学出版社,2005。

119

什么的新闻自由与街角发言者想要"说"什么的表达自由一样应受到最高的保护。

3.2.3.3 红狮案与"基于媒介"模式

红狮案则是基于与"街角发言者"完全不同的模式。与从人际传播到大众传播的转变相似,新模式产生的前提就是"媒介"这一因素被引入了表达自由的思考之中。在这一模式中,一切交流与传播都是发生在某种"媒介"之上的。对表达自由的思考也从街头转移到了广播这样的大众媒体之上。笔者将这种模式称为"基于媒介"模式。这一模式有以下两大特点:(1)在对表达自由的思考中,像广播这样的大众媒体其身份被认定为"媒介"而不是"发言者";(2)在明确了这一前提后,最高法院对表达自由的分析和思考采取了一种"基于媒介"的进路,即红狮案中所说的"根据不同媒介的不同属性来适用不同的表达自由标准和原则"。而"基于媒介"的分析进路又可以被抽象为对两个问题的回答:一是当前所讨论的媒介有哪些独特的属性;二是应针对这些属性适用什么表达自由标准。

我们可以看到,红狮公司与最高法院的根本分歧就在于作为前提的第一点上。红狮公司仍旧根据"街角发言者"范式,主张自己和报纸一样是能够发出自己独立声音的"发言者"。然而最高法院明确指出广播并不是"发言者",或者说,广播作为一种大众媒体,其身份并不首先是"发言者"。相反，法庭意见对广播身份的全新认定是"有义务将其所在共同体内不同观点呈现出来的代理或受托者"，即广播应该是承载和传播成千上万普通公民的表达和交流的媒介和平台。在这一前提下，广播者的新闻自由以及它能否发出自己的声音并不是表达自由首要考虑的问题。在"基于媒介"模式下，表达自由的关切也发生了根本性变化。用红狮案判决书中的话来说，第一修正案的目的从单纯的"说"和"表达"转向"传播和交流"。这也就是法庭意见所说的"作为一个整体的人民所享有的表达自由"。

在"基于媒介"模式下，表达自由的目的是保护整体公民的交流与传播，而大众媒体的"媒介"身份就是为促进这一目的而存在的。为了实现这一目的，作为媒介的广播就必须变成一个普通公民能够"接近"的媒介。这也就是为什么巴隆教授称接近权是"一种新的第一修正案权利"，因为只有在这一全新模式下才会产生接近的问题。因此，无论是"公平原则"还是"回应权"抑或"接近权"，其背后真正的问题仍旧是如何对广播的身份进行认定。

鉴于在分析托尼罗案时已经对杰里米·巴隆教授的"接近权"理论有过论述，此处不再赘言。这里只想强调"接近权"理论是建立在对大众媒体"媒介"身份认定的基础上的——只有作为"媒介"而非"发言者"的媒体才存在能否被接近的问题。巴隆的写作直接针对被他称为"源自19世纪的浪漫想象"的表达自由模式。这种浪漫想象某种程度上就是"街角发言者"范式。这种想象是指美国建国初期,普通民众可以通过在街头和市镇会议自由发表演说,或者通过办报和散发传单来表达自己的主张。在这种对历史的想象中,普通民众发表言论不需要通过任何中介和代理,他们可以毫无障碍地表达自己的观点,因此不存在一个可供"接近"的媒介或中介。而其他的公民同样也不需要通过"媒介"来获取信息,因为他们与发言者同处街头或市镇会议之中。[①] 简言之,一个不需要通过"媒介"交流的时代不存在接近权的问题。而一旦"接近难"的问题出现,就意味着街头和市镇会议都已不在,公民很难甚至无法直接地表达观点和进行交流,他们只能通过某种媒介或平台才能实现交流,由此才产生普通公民如何"接近"大众媒体的难题。因此,"接近权"的基本前提就是作为"媒介"的存在。这也是为什么当最高法院在托尼罗案中将报纸认定为"发言者"后,即使巴隆教授亲自上阵也无法为"接近权"赢得支持。

红狮案后流行的"知情权"(right to know)理论其实不过是换个角度的"接近权"。两者同样都是将媒体视作交流的平台和媒介,只不过"接近权"强调民众通过媒介发出声音这一过程,而"知情权"则更突出民众通过媒介获取不同信息和声音的一面。而卢卡斯·鲍威教

---

① Jerome Barron, "Access to the Press—A New First Amendment Right", 80 *Harv. L. Rev.* 1641-1647 (1967).

授在《第四等级与宪法——新闻自由在美国》一书中就直接将"接近权"归为"知情权"的一种。①

鲍威教授自己所提出的"第四等级"(The Fourth Estate)理论则与"接近权"针锋相对。与接近权的支持者拥护红狮案、反对托尼罗案相反,鲍威教授却是托尼罗案坚决的支持者。他借用由埃德蒙·伯克提出、经斯图尔特大法官发扬光大的理论主张新闻媒体作为独立于政府的"第四等级"应享有充分的自主,应该赋予其通过独立的声音来监督政府的新闻自由。②他坚决反对将报纸或广播媒体当作媒介,认为这种工具主义的立场会彻底抹杀媒体和新闻自由。显然,"第四等级"理论仍旧是基于"街角发言者"范式,只不过其更多地强调新闻媒体这一特殊主体所具有的特殊价值和意义。

在确立了广播的"媒介"身份后,红狮案的另一重要影响就是"基于媒介"的分析进路。关于频率稀缺性的论述正是"基于媒介"进路最好的体现。法庭正是基于广播所独有的这一属性而支持了FCC的公平原则。不过树大招风,最著名的频率稀缺性命题同样也遭受了最多的批评。在这些批评中,最有力的声音来自科斯《联邦通讯委员会》一文。③科斯的论点其实并不复杂,他认

---

① Lucas Powe, *The Fourth Estate and the Constitution: Freedom of the Press in America*, University of California Press, at 241-255 (1991).
② Lucas Powe, *The Fourth Estate and the Constitution: Freedom of the Press in America*, University of California Press, at 233 (1991).
③ 科斯的文章写于1958年,所以更准确地说这篇论文是针对FCC通过颁发执照分配频率的批评。

为从经济学的角度来看,不仅仅是广播频谱,一切资源都是稀缺的。关键在于用什么方式来分配稀缺的资源。而在科斯看来,由 FCC 这样一个政府性质的机构通过颁发执照的方式来分配频率是缺乏效率的,通过拍卖由出价最高者获得广播频率才是真正有效率的做法。[①] 人们或许不同意科斯彻底"市场化"的主张,但必须承认,以科斯为代表的经济学家关于"一切事物都具有稀缺性"的主张的确摧毁了今后任何以稀缺性来建立正当性基础的尝试。至少从最高法院的角度来看,红狮案后他们再没采纳过任何此类主张了。近年来,像巴尔金这样的学者们更是直接主张基于稀缺性本身就是个非常糟糕的思考进路,他们认为应以所讨论的媒体是否具有"可过滤性"作为建立管制正当性和选择管制方式的基础。巴尔金认为:像无线电广播和电视这种不具有"可过滤性"的媒体,应允许对其采取某种比较严格的、直接针对内容的管制方式;而像报纸和互联网这种具有"可过滤性"的媒体,则应将管制的重点从内容转向过滤机制和手段。[②] 不过这些都是后话。

我们关注的并不是频率稀缺性这一命题本身是否被推翻,而是"基于媒介"这一思考进路。前面曾说"基于媒介"模式其实是对两个问题的回答:所争议的媒体

---

① 〔美〕罗纳德·科斯:《联邦通讯委员会》,载《论生产的制度结构》,上海三联书店,1994,第62~82页。
② Jack Balkin, "Media Filter, the V-Chip, and the Foundations of Broadcast Regulation", 45 *Duke L. J.* 1131, 1132–1145 (1996).

具有哪些性质以及如何根据这些性质适用第一修正案的标准。前一个问题看起来似乎是"技术问题",而后一个才是宪法或法律问题。但我们发现,其实很多时候对第一个问题的回答就隐含着第二个问题的答案。最高法院在完成了对这些媒介形象和属性的论述(或建构)之后,以何种方式保护和管制其上言论的答案其实早已浮出水面。如果我们认为最高法院大法官在讨论第一个问题时真的是在讨论一些技术和事实细节,那就大错特错了。大法官们并不是工程师和技术专家,他们既不懂技术问题也不关心技术问题,宪法问题才是他们唯一的关切。他们所讨论和关心的"技术问题"只是表达自由或者宪法意义上的技术问题。他们的分析是否全面和专业并不重要,真正关键的是他们通过对这些"技术问题"的论述建构出了一种关于所争议的媒介的想象和图景。正是基于这种被建构出来的想象和图景,大法官们所希望实现的法律和政治结果就隐藏在这些看似高度技术化的话语背后。

至此,本节已经对红狮案和托尼罗案两份判决书以及其所代表的两种表达自由的思考模式进行了分析。留下的一个疑问是最高法院为什么在同为大众媒体的报纸和广播之间做出如此的区分?最高法院自己对此从未进行过解释,而在学者的诸多猜测中,比较有说服力的一种观点是法院基于报纸(特别是纽约时报和华盛顿邮报这种全国性报纸)在美国社会、历史和文化中的独特地位和声誉,为报纸专门保留了一块"特区"而赋予其一些其他媒介从未享有的特权和优待。①

但最高法院留给后人最大的疑问却是,面对"街角发言者"和"基于媒介"这两种截然相反但又各自成一体的模式,包括最高法院法官在内的所有人该如何选择?

3.3 "基于媒介"模式的确立:从广播到有线电视

本节将围绕着 FCC v. Pacifica Foundation 案(以下简称帕西菲卡广播案)②、特纳Ⅰ案③和特纳Ⅱ案④展开。这三个判例分别针对广播及之后又一种新兴的大众媒体——有线电视(cable)。通过对这三份判决书的分析和梳理,笔者试图论证面对自己制造的两难选择,红狮案所代表的"基于媒介"模式最终成为最高法院的选择。

3.3.1 帕西菲卡广播案

3.3.1.1 背景分析

在托尼罗案之后的第 4 年,又一个关于广播的案件来到了最高法院,这就是帕西菲卡广播案。此时广播已

---

① Lee Bollinger, "Freedom of the Press and Public Access", 75 *Mich. L. Rev. 1*, 26-37 (1977).
② FCC v. Pacifica Foundation, 438 U.S. 726 (1978).
③ Turner Broadcasting System v. FCC, 512 U.S. 622 (1994).
④ Turner Broadcasting System v. FCC, 520 U.S. 180 (1997).

第三章 质与器:"基于媒介"模式与大众传播时代的表达权

经成了美国民众日常生活不可分割的一部分。下面一些数据或许可以帮助我们理解广播在美国人日常生活中的重要性:第一个数字是美国家庭平均拥有的收音机数量是 6.6 台,这意味着除了家中,几乎所有的汽车上也都安装了收音机;第二个数字来自专门从事广播听众调查的阿比壮(Arbitron)公司,其报告显示美国青少年和成年人每周平均花 22 个小时听广播,而绝大多数人都是在开车时收听广播。[①]

帕西菲卡广播案正是源于一位父亲开车时与自己的孩子一起收听到了一则内容低俗(indecent)的节目。而从上面的统计数据来看,这是绝大多数美国人都很有可能遇到的情况。

本案涉及的是讽刺滑稽演员乔治·卡林(George Carlin)一则名为《脏话》的单口广播节目。在演出一开始,卡林对加利福尼亚州一家剧场里的现场观众表示,他的节目是关于"那些你平时在公共场合、无线电广播……甚至任何时候都不会说的一些词儿。"在接下来的 12 分钟里,卡林以各种语调和口音连续说出了一连串的脏话和俗语。而由本案被上诉人帕西菲卡广播所有的一家纽约电台则在 1973 年 10 月 31 日下午 2 点播出了这则节目。几周后,FCC 收到了一则举报,举报人声称他在驾车时与自己未成年的儿子一起收听到了这则"低俗"

---

① 〔美〕约翰·维维安:《大众传播媒介》,顾宜凡等译,北京大学出版社,2010,第 177 页。

的节目。举报人在投诉中特别指出:"我或许可以理解这种录音在私下里出售,但我绝对无法理解,在你们管理下,竟然让它在广播上播出!"

FCC将这份投诉转给了帕西菲卡广播,后者认为该节目不过是表现了当今社会对这些词语的态度。而乔治·卡林只是通过《脏话》这个节目来对此表示讽刺和嘲笑。更何况,在节目播出前已经提示听众"其中一些敏感词可能会使部分人感到被冒犯"。面对帕西菲卡广播这种"拒不认错"的态度,FCC于1975年2月21日向其发出命令,并指出有可能根据国会的授权做出进一步行政制裁。在这里,委员会所指的国会授权主要是指以下两条:"禁止在无线电传播中任何对淫秽(obscene)、低俗(indecent)和亵渎(profane)语言的使用"[1] 和"鼓励为了公共利益更广泛和有效地使用无线电"[2]。帕西菲卡广播认为FCC的这种规定是对其表达自由的侵犯,案子一直打到了最高法院。

3.3.1.2 判决分析Ⅰ:广播上的低俗内容

在判决书的开头,撰写法庭意见的斯蒂文斯大法官就指出,最高法院需要对这样四个问题做出回答:(1)司法审查的范围是否需要超出FCC关于"卡林的单口节目属于低俗广播"这一决定;(2)委员会的

---

[1] 18 U.S.C. 1461 (1976 ed.).

[2] 3 and 47 U.S.C. 303 (g).

命令是否属于法律所禁止的审查；（3）这一广播是否属于低俗广播；（4）委员会的命令是否违反了宪法第一修正案。在前三个"技术性"问题之后，第四个问题显然才是本案真正关键的宪法性争议所在。

对于第一个问题，讨论法院审查范围背后的问题是：FCC 的命令是针对个案的具体规定还是具有普遍指导意义的一般性法律。显然，后者通过司法审查要比前者难得多。斯蒂文斯法官在此没有多费笔墨，他直接认定所争议的规定只是针对这则具体的低俗广播节目，因此最高法院审查的也是这一条具体规定的合宪性。这为法庭意见最终支持这一规定打下了非常重要的基础。不过，虽然最高法院将其审查的对象设定为一条具体的规定，但这并不妨碍其针对这一具体规定的判决具有一般而普遍的效力。

对于第二个问题，即 FCC 的决定其性质是否属于审查。斯蒂文斯法官的结论是否定的。他认为受到禁止的审查是指"委员会运用其权力编辑尚未播出的节目和以其他不恰当的方式去影响广播"。但这种禁止从不包括委员会依据其职责去审阅已经完成的广播节目的内容。而在本案中，《脏话》就是这样一个被委员会审阅的已完成的节目。况且，委员会实施制裁的方式也多是通过拒绝执照申请和延续，这些手段同样有国会立法的支持。FCC 履行其职责对广播节目进行管理和国会对官方审查的禁止并行不悖。因此，本案中针对低俗、淫秽和亵渎广播内容的管制并不属于审查。

超越"街角发言者"

第三个问题关注的则是《脏话》中出现的内容是否符合法律对"低俗"的定义。FCC 将《脏话》认定为低俗的依据是"该节目反复、有意地适用那些关于排泄、性行为或器官的词语,这对于包括儿童在内的下午广播听众来说是明显冒犯的(patently offensive)"。对于"明显冒犯"这一指控,帕西菲卡广播并没有否认。相反,对于委员会指控的很多事实,基金会也都承认。帕西菲卡广播只是辩称仅仅是"明显冒犯"并不满足"低俗"的构成要件,只有那些同时意在"勾起淫欲"(prurient appeal)的内容才是。斯蒂文斯法官认为被上诉人在这里混淆了概念,"勾起淫欲"是认定淫秽的构成要件,但无论是先例还是立法都从未承认这是认定低俗的要件。因此,被上诉人试图通过主张缺乏"勾起淫欲"要件而否认《脏话》属于低俗广播不能成立。

接下来,法庭意见开始处理本案最为关键的宪法争议。而帕西菲卡广播对于 FCC 的宪法挑战又可以细分为两点:首先,它指责委员会的规定范围"过宽"(overbroad),根据这一主张,即使《脏话》节目不应受到宪法保护,该规定同样限制了另外一些应受保护的言论;其次,低俗的内容同样应该受到第一修正案保护。《脏话》所涉言论既然不属于不受保护的淫秽言论,即便其属于低俗,对其的限制同样是对无线广播者权利的剥夺。

法庭意见在处理四个问题中的第一个时,在某种程度上已经回应了被上诉人关于规定涉及范围"过宽"的主张。因为通过将 FCC 的规定认定为"针对具体个案的规定",已经否认了存在一般和普遍意义上规制范围"过宽"的可能。斯蒂文斯法官再一次强调"仅仅依靠抽象的判断是不够的,必须针对具体情境"。而且与法院在托尼罗案中对红狮案的绝口不提不同,此时法庭又开始格外强调起本案与作为先例的红狮案的一致性。与法院在红狮案中轻飘飘地用一句"这种担心多是猜测性的"而将对寒蝉效应的疑虑打发掉相似,在本案中,法庭意见指出,即便一些广播者因此规定而开始自我审查,结果顶多是把那些"以明显冒犯的方式展示排泄、性器官和行为的言论从广播上排除掉"。法院认为担心大量受保护言论随之受到剥夺的情况是不大可能出现的。

3.3.1.3 判决分析Ⅱ:广播的遍布性

本案真正的焦点由此浮出水面:政府是否有权在某些条件(circumstance)下限制对低俗内容的公开广播。在这里,"条件"是斯蒂文斯法官论述的关键词。法庭意见似乎此处暗示着同样内容的言论会因其处于不同的条件而受到不同的对待。而判决书接下来的部分很大程度上就是在阐述,到底是什么样的"条件"使得《脏话》节目必须受到限制。

斯蒂文斯法官承认《脏话》中的内容毫无疑问属于第一修正案所关心的"言论"。同样明确的是,本案所争议的 FCC 的规定是针对这一节目的内容的。不过，第一修正案从不认为只要是基于内容的管制就是违宪的。除了言论的内容，另一个关键的因素就是言论所处的"语境"（context）——也就是之前所提到的"条件"。为了支持这一点，斯蒂文斯法官搬出了被视作美国现代表达自由第一案的申克案。

在阐述"明显而现实的危险"标准时，霍姆斯大法官曾经打了一个非常著名的比方：在马路上或许你可以随意喊"着火了"，但在拥挤的剧院中这样做却会因导致"明显而现实的危险"而不受保护。霍姆斯法官试图通过这一例子说明"判断一个行为（言论）的性质要根据它是在什么条件（circumstance）下做出的"。借助霍姆斯法官的判词，斯蒂文斯法官指出，最高法院历来不承认对言论的绝对保护。在申克案后，最高法院通过一系列判例确认了诸如"挑衅"和淫秽等类型的言论因其具有"较低价值"（low value）[1]而不受第一修正案保护。这些例外虽不能直接证明《脏话》的低俗内容一定不受保护，但却可以证明对言论的绝对保护并不存在。而某一类型言论到底是否应受保护，则需要判断该言论所处的条件和情境。

那什么才是《脏话》这类低俗言论所处的条件和情境呢？答案就是广播。在这里，最高法院又回到了红狮案所代表的模式中，将广播认定为媒介——承载言论的

---

[1] Chaplinsky v. New Hampshire, 315 U. S. 568 (1942).

条件和情境——而非发言者。斯蒂文斯法官认为："长期以来，我们一直认识到不同表达媒介（medium of expression）呈现出不同的第一修正案问题。而广播一直受到最有限的第一修正案保护。"而这是红狮案后对"基于媒介"进路的又一次肯定。

接下来，法庭意见开始讨论什么是广播这一媒体独有的属性。与红狮案不同，最高法院在本案中为广播找到了一种新的媒介属性——"遍布性"（pervasive）。所谓遍布性是指，作为大众媒体的广播在人们的日常生活中是无所不在的。根据斯蒂文斯大法官的论述，广播的这种"遍布性"使得公民不仅仅在公共场合，甚至在他们享有压倒性隐私利益的私人场所，都会同无孔不入的广播意外相遇。正因为这种相遇概率极高且不可预见，低俗节目播出前即便事先通知，仍旧会有人无意中听到此类节目——就像本案开车时无意中打开收音机的那位父亲和孩子一样。持异议的布伦南大法官认为，面对冒犯你的节目，只需要关上收音机或走开即可。但法庭意见则认为这种说法就像要求挨打的人在被打了第一下之后马上跑掉一样，可无论你跑得有多快，第一次打击所造成的伤害都是不可改变的。

广播的这种"遍布性"也使得未成年人极易接触到低俗的内容。与广播相比，将未成年人与包含低俗和淫秽内容的印刷品隔离开要容易得多。而且不识字的儿童虽然无法阅读印刷的低俗材料，但却仍旧可以收听广播。

"保护未成年人"这一利益出现在法庭意见中也绝非偶然，在1967年的 Ginsberg v. New York 案[①]中，最高法院已经承认确保"未成年人的健康成长"是一项足以压倒表达自由的重要利益。

在"基于媒介"进路下，最高法院至此已经完成了对广播媒介形象的构建——一个具有遍布性而且极易被未成年人接触到的媒介。正是基于具有这种属性的广播，出现其上的低俗节目——而不仅仅是低俗节目本身——必须受到限制。换言之，真正让《脏话》节目被禁止的是这一言论所处的条件和情境——作为大众媒体的广播。

在帕西菲卡广播案中，最高法院又一次回到了红狮案的路线和模式上。与红狮案不同的是，虽然广播又一次被认定为媒介——言论的条件和情境，但最高法院对表达自由问题的回答却是基于一种全新的属性——遍布性。如果说频率稀缺性属于广播的物理属性，遍布性则更多地是从传播的角度出发来关注媒介或大众媒体的社会和文化属性。与此同时，帕西菲卡广播案中提出的"反低俗"主张也日益成为美国媒体管制和表达自由的新战场。[②] 这点伴随着互联网的出现而日益突出。经过红狮案和帕西菲卡广播案两个广播案件，"基于媒介"模式在广播领域算是确定了下来。而有线电视——广播之后又一种全新的大众媒体，其将考验"基于媒介"模式能否

---

① Ginsberg v. New York, 390 U.S. 629 (1967).
② Ian Ayres, "Halfway Home: On Powe's American Broadcasting and the First Amendment", 13 *Law & Soc. Inquiry* 413 (1988).

超越广播从而在更广泛的范围内得到适用。

3.3.2 特纳 I 案

3.3.2.1 背景分析

正如广播的出现带来了美国关于表达自由思考的"范式转变"一样，经历了20世纪80年代的大发展，有线电视在20世纪90年代成了又一种主宰美国民众日常生活的大众媒体。面对这一全新的媒介，经由红狮案和托尼罗案所确立的"基于媒介"是否仍然适用？最高法院需要对这一问题做出回答。

伴随着有线电视的迅猛发展，整个行业也以惊人的速度形成垄断和集中。学者西尔维娅·陈·奥姆斯泰德（Sylvia Chan-Olemsted）的研究表明，在特纳 I 案判决后不久的1995年，前4强的公司占据了超过50%的市场份额，而前5强的运营商控制了超过66%的订户。1977年，最大的有线公司才占有8.5%的用户，而1995年仅TCI一家公司就占据用户总量的20%。[1] 图3-3中对1977~1995年美国有线电视行业最大的4家公司市场占有率的统计或许可以帮助我们理解这一趋势：[2]

---

[1] Sylvia Chan-Olemsted, "Market Competition for Cable Television: Reexamining Its Horizontal Mergers and Industry Concentration", *Journal of Mdeia Economics*, Vol. 9, No. 2 (1996), at 25-41. 转引自〔美〕帕特里克·帕森斯等《有线与卫星电视产业》，詹正茂等译，清华大学出版社，2005，第185页。

[2] 〔美〕帕特里克·帕森斯等：《有线与卫星电视产业》，詹正茂等译，清华大学出版社，2005，第185页。

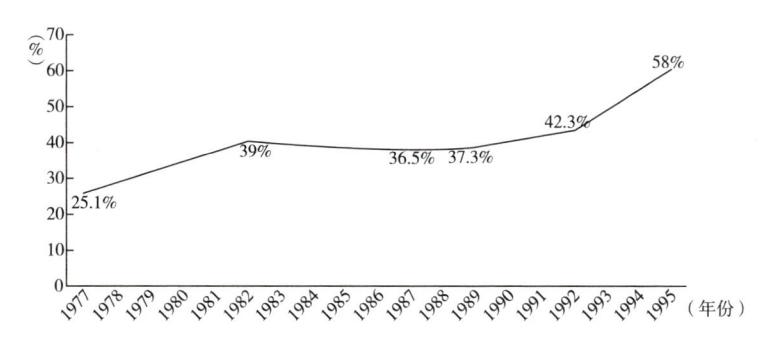

图 3-3　1977~1995 年美国有线电视 4 强市场占有率

注：因受数据所限，上图中所选年份之间的时间间隔未能完全一致。

针对这种局面，国会通过了《1992 年有线电视消费者保护和竞争法》（*The Cable Television Consumer Protection and Competition Act of* 1992）。该法案出台不久就遭到了有线电视业的强烈反对。时任总统的老布什动用总统否决权将法案废除，但一向以党派斗争闻名的国会此番却众志成城，再一次用压倒性多数推翻了总统的否决。[①]

这部法案中最具争议的就是被称为"必须传输"（must-carry）的条款。所谓"必须传输"，是指有线电视运营商（cable operator）必须腾出其部分频道来传输一定数量的地方广播电视信号。具体来说，该法案的§4 规定了对地方商业电视台信号的传输，它要求所有拥有 12 个活动频道和超过 300 名订户的有线电视系统必须将其 1/3 的频道用来转播当地商业电视台的节目；该法案的§5 则

[①] 〔美〕帕特里克·帕森斯等：《有线与卫星电视产业》，詹正茂等译，清华大学出版社，2005，第 60~61 页。

是关于地方公共广播电视信号的规定，公共广播是指地方上非商业性的教育电视台。法案要求拥有不到 12 个频道的有线电视运营商必须至少传输一个此类公共频道，拥有 13~36 个频道的运营商应转播 1~3 个公共广播，而那些拥有超过 36 个频道的运营商则应满足所有地方公共广播电视台的传输要求。

国会自称该法案是出于反垄断的考虑。国会认为有线电视传输的物理特性，以及有线电视产业日益垄断的趋势，都严重威胁到了与其竞争观众和广告收入的广播电视。而"必须传输"条款则能在某种程度上纠正这种不平衡。以特纳公司为代表的有线电视公司以侵犯其第一修正案所保护的言论和新闻自由为由，向哥伦比亚特区法院提起了针对"必须传输"条款的诉讼。后因不服初审判决，又将官司打到了最高法院。这就是特纳 I 案、特纳 II 案。

3.3.2.2 判决分析 I：作为管道和媒介的有线电视

在特纳 I 案中，法官们的意见分裂成 5∶4，肯尼迪法官撰写了法庭意见。导致法院彻底分裂的是这样一个根本分歧：作为大众媒体的有线电视，究竟是将其视作"媒介"还是"发言者"？在持多数意见的 5 位法官看来，有线电视仍旧首先是一种"媒介"，因此"基于媒介"进路对其同样适用。

法庭意见是从对有线电视的讨论开始的。肯尼迪法官首先强调"鉴于技术的发展和有线电视与其他电子媒体之间的加速融合，今天的有线电视产业已处于电信革命的中心，其对我们如何交流和发展智力资源的潜在影响仍旧有待观察"。

起源于20世纪40年代的有线电视，最初是为了增强偏远地区和山区的广播电视信号。也就是说，今天与传统广播电视形成激烈竞争的有线电视，其最初的目的却是增强而不是取代广播电视。而从媒体的物理性质来看，广播电视和有线电视最根本的区别在于其到达观众的方式：广播是通过一个传送中心发送电磁信号，任何在其覆盖区域内的电视机都可以接收；而有线电视则更接近电话，通过一根光纤在有线用户和传输设备之间建立"点对点"的连接。正是由于这种传输方式的不同，有线电视在两方面大大优于广播电视：一是它能够有效地减少信号之间的干扰；二是光纤能够传输更多的频道。肯尼迪法官看似在此谈论的是一些非常技术化的问题，但其实其言论非常具有针对性。通过这番论述，我们起码已经可以预见广播上基于"频率稀缺性"而成立的一系列管制和原则，在有线电视上是无法成立的。

肯尼迪法官接下来的分析十分关键。他指出在有线电视产业中存在两类主体：一是有线电视运营商（cable operator），他们拥有光纤网并且负责传输有线信号；二是有线节目商（cable programmer），他们负责制作节目然后卖给运营商。尽管有时运营商也会自制一些节目，但其绝大多数播出的内容来自外部专门的节目商。像我们所熟悉的 CNN、MTV、ESPN 和 C-SPAN 等，都属于生产内容和节目的有线电视网（network）。而在本案中频频提及的有线电视系统（system），则多是负责传输信号的运营商。十分关键的是下面这句话，肯尼迪法官认为"一旦有线运营商选定了节目来源，整个有线系统在本质上就是一个他人言论的管道（conduit），将信号持续不断和未经编辑地传送给订户"。

在这里，很显然节目商比较接近"发言者"的身份，而运营商则更接近媒介或者平台的角色。因此在本案中，最高法院是以"运营商"还是"节目商"来看待有线电视就变得十分关键，因为这很大程度上决定了有线电视最终被认定为"媒介"还是"发言者"。当肯尼迪大法官在前面指出"一旦有线运营商选定了节目来源，整个有线系统在本质上就是一个他人言论的管道"后，我们可以认为运营商的身份在此压倒了节目商，因为这等于说是直接否定了其"发言者"的身份。虽然法庭意见还没有进入对本案宪法问题的讨论，但至少有线电视系统已经很难主张自己有像报纸一样的新闻自由了。

3.3.2.3 判决分析Ⅱ：有线电视的"瓶颈和看门人"属性

肯尼迪法官指出，无论是有线电视运营商还是节目商，他们都毫无疑问参与到了言论中去，因而有资格获得第一修正案的保护。法庭意见同样承认,"必须传输"条款从两个方面影响到了有线电视运营商的表达自由:首先,它减少了运营商所控制的频道数量;其次,频道数量的减少增加了节目商参与竞争的难度。接下来的问题就是,应该对"必须传输"条款适用什么样的审查标准?再具体一点就是采用严格审查还是中级审查?顾名思义,若采取"严格审查",法案被推翻的可能性就会大大增加。因为只有"适当剪裁,并服务于压倒性的政府利益"[1]的立法才有可能通过审查。而对于"中级审查",当事人只需要证明服务于"实质性的政府利益"即可。

FCC援引红狮案,主张应对"必须传输"条款适用相对宽松的审查标准。但法庭意见对此不予支持。肯尼迪法官认为红狮案中对广播业如此严格管制的正当性是来自频率稀缺性这一独一无二的物理属性,而如前面的分析所表明,有线电视并不具备这种属性。而针对FCC提出的第二个论点,即"必须传输"条款可以防止市场失灵从而维护正当竞争,法庭意见认为,红狮案的确认可了预防市场失灵是合理且正当的利益,但仅仅这一点太过薄弱,不足以支持"红狮案式"的严格管制。在红狮案中,市场失灵作为论据之所以成立,仍旧是以频率稀缺性为前提的。

法庭意见指出,是否适用严格审查取决于该法是否基于内容,即"法律根据所表达思想和观点的内容而对

---

[1] United States v. O'Brien, 391 U.S. 367 (1968).

其区别对待"。肯尼迪法官认为"必须传输"虽然对言论施加了负担，但这种限制却是无关内容的。它只是要求有线运营商拿出一部分频道来传输广播电视信号，而对被传输的信号和被占用的频道上言论的内容并不关心。同样，对于节目商来说，尽管其拥有的潜在频道数量减少了，但这种限制并不涉及对某类内容和言论的限制。归根结底，法律只是在广播者和有线电视这两种主体之间做出了区分。这种区分是基于两种媒体向观众传输信号的不同方式，而不是他们所传输的内容或观点。在此，法庭意见再一次提出了"接近权"的问题——"必须传输"条款的立法目的是保护那超过40%没有安装有线电视的美国公民接近免费电视节目的权利。我们不难看出，虽然法庭意见拒绝了 FCC 将有线电视直接和广播类比的主张，但法庭意见对其性质的认定在本质上却是相同的——无论是广播还是有线电视，首先它们都应是美国公民有权接近的媒介和平台。

  法庭意见的这一立场在对上诉人援引托尼罗案进行反驳时变得更加清楚。特纳公司的主张非常简单，最高法院在托尼罗案中认为报纸编辑在决定什么应该刊登而什么不能刊登方面有绝对的自由，佛罗里达州"回应权"正是因强制报纸刊登某种内容而侵犯报纸的新闻自由。同样的逻辑完全可以适用于有线电视。运营商对于自己拥有的光纤享有充分的权利，他们有权自己决定发出什么样的声音。而"必须传输"通过强迫其转播当地广播电视信号，是对其编辑职能和新闻自由的侵犯。

我们不难看出，FCC援引红狮案而特纳公司仰仗托尼罗案，最高法院又一次需要在两种模式间做出选择。不过从肯尼迪大法官在判决开头对有线电视"作为管道"的论述就能判断出，红狮案的"基于媒介"模式会再次获胜。果然，法庭意见认为"有线电视的情况与报纸完全不同。个人一旦订阅了有线电视，电视机与有线网络之间的物理联系就赋予有线运营商一种瓶颈（bottleneck）或看门人（gatekeeper）的角色，使其可以控制用户获取电视节目的渠道……有线运营商，不同于其他媒体中的发言者的身份，它通过一个切换就可以剥夺其他人的声音"。

最高法院对于有线电视媒介属性的论述是以其在美国社会大众传播中所扮演的关键角色为出发点的。无论是瓶颈还是看门人的比喻，或者之前提到过的"管道"，都意味着有线电视可以利用自己在技术和市场中的优势地位，获得对成千上万普通公民看什么、听什么的控制权。在这一背景下，如果还是将其认定为"发言者"从而去保护它的"新闻自由"，就等于将整个社会的传播和交流的咽喉与枢纽放在了少数商业巨头的手中。大众就会彻底丧失对处于如此关键位置的媒介的接近权。而"必须传输"条款正是要求有线电视像广播一样去"呈现不同媒体的各种观点"，再次确保作为表达自由主体的公众对这种全新媒介的接近权。

在完成了这一关键性论述后，"必须传输"条款因属于"内容中立"的立法而免于严格审查。为了通过中级审查，FCC需要证明这一规定能够促进一种实质性（而非压倒性）的、与压制表达自由无关的政府利益；同时，其所采取的手段也不需要是限制性最低的（the least restrictive），只要是适当剪裁即可。而对于这两个要件能否成立，法庭认为目前掌握的证据还不充分，要求双方当事人提交补充证据材料，留待特纳Ⅱ案中继续讨论。

3.3.2.4 反对意见：作为发言者的有线电视

奥康纳大法官撰写本案的少数意见，斯卡利亚、金斯伯格和托马斯大法官加入。

从表面上看，少数意见与法庭意见关注的是同样的问题："必须传输"条款到底是"基于内容"还是"内容中立"的立法？对其应适用严格审查还是中级审查？但细读之下我们会发现，少数意见与法庭意见最根本的分歧背后仍旧是红狮案和托尼罗案所代表的两种不同进路，即有线电视究竟是"发言者"还是"媒介"。

在少数派大法官看来，有线电视运营商和节目商都属于"发言者"。对于有线电视节目商属于"发言者"这一点，法庭意见中也毫无争议。只不过法庭的多数意见基于运营商在垂直层面对节目商的垄断和整合，认为有线电视运营商的身份压倒了节目商。但少数意见却认为，尽管运营商并不是自行制作绝大多数节目，但他们却是第一修正案所保护的"发言者"。奥康纳大法官论证这一点的方式是类比,她认为有线电视运营商像出版社、书店或者《读者文摘》一样,尽管并不直接"创造"（creating）言论,但它们因"转播"（retransmit）言论也同样属于传播。在这里值得注意的是,奥康纳大法官拿来类比的出版社、书店和杂志都属于广播之前印刷时代的产物。而托尼罗案也是建立在对印刷媒体的想象和理解之上,所以接下来少数意见直接援引托尼罗案中"报纸的编辑职能",认为"'必须传输'在侵犯了言论的同时,是对运营商编辑判断（editorial discretion）的不可允许的限制。"简言之,有线电视也是"发言者"。

在将有线电视明确为"发言者"之后,将"必须传输"认定为"基于内容"的立法也就顺理成章了。少数意见的主要逻辑是,要求有线电视必须传输一定数量的地方广播电视,这并不仅仅是在有线电视和广播电视两种主体之间做出区分。国会做出这一决定的背后是他们对地方广播电视所具有的内容的偏爱。奥康纳法官更是明确指出,地方广播电视中所具有的"地方性"和"公共教育性"就是国会所偏爱的内容。正是出于对广播电视上这些特定内容的偏爱,国会才强迫有线电视系统必须传输此类节目。这毫无疑问是"基于内容"的限制,因此应该经受严格审查。而她更认为,即便对"必须传输"条款适用中级审查,其也会因为"过宽"而无法通过。

3.3.3 特纳 II 案

在特纳 I 案中,法庭意见认为"必须传输"条款属于"内容中立"的立法,应对其适用中级审查。要通过中级审查,必须满足两个要件:首先,该法必须服务于一项实质性的政府利益,并且这种利益与压制言论无关;其次,政府所采取的手段必须是"合理剪裁的"。双方都围绕这两个要件提交了大量补充证据,最高法院在特纳Ⅱ案中对这些证据进行了讨论。9位大法官仍旧按照各自在特纳Ⅰ案中的立场站队,法庭意见仍旧是由肯尼迪大法官撰写。

针对"必须传输"所服务的政府利益,法庭意见认为有以下三点:(1)保护免费的地方广播电视;(2)推进来源多样化的信息的广泛传播;(3)推进电视节目制作市场上的公平竞争。法庭意见根据双方提交的证据认为,"有线市场不断增加的市场占有,以及有线运营商在横向集中和垂直整合上的扩张所造成的市场占有率不断从广播电视向有线电视倾斜,这两点为有线系统提供了删除、重新配置或为了取悦分支的有线节目供应商而不愿传输地方广播电视信号的动机和能力。"比如在1992年,超过60%的美国家庭接入了有线电视服务,证据显示有线电视的市场占有率会迅速升至甚至超过70%。有线电视在地方和社区已经形成了垄断,证据表明美国99%的社区是由一家有线电视系统提供的。伴随着有线电视系统垄断地位的增强,它们越来越拒绝传输广播电视信号,在1989年已经有11%的地方广播信号被有线系统拒绝。到了1992年,有证据表明被拒绝的广播信号约占 19%~31%。也有证据表明约有 47% 的商业广播电视和 36% 的非商业电视被排斥在有线系统之外。毫无疑问，这一发展趋势将会导致"免费地方广播电视的经济生存能力及其创造高质量地方节目的能力受到严重破坏"。总之种种证据表明，"必须传输"条款旨在促进的政府利益不仅仅是真实的，也是必要的。

接下来就是对政府选择手段的判断。法庭意见再次同样列举了大量数据和证据：比如在那些闲置的频道中，有线电视运营商只要拿出 87% 就可以满足"必须传输"的要求；或者"必须传输"只要求运营商多拿出 5880 个频道，而在此之前其实已经有超过 30006 个广播电视频道被有线系统主动地转播了。总之，法庭意见认为，"必须传输"条款所施加给运营商的负担是适度的，并没有对它们造成太大的影响。

因此，法庭意见认为，"必须传输"条款通过中级审查的要件已经满足，这一条款并不违反第一修正案。

3.3.4　总结："基于媒介"模式的延续

通过对帕西菲卡广播案、特纳Ⅰ案和特纳Ⅱ案判决书的分析，我们可以看到在红狮案之后，历经广播和有线电视，"基于媒介"模式成为最高法院在大众传播时代思考表达自由的选择。

虽然这一系列案件具体的争议和事实各不相同，但是它们都是基于这样一个前提或共识——无论是广

第三章 质与器:"基于媒介"模式与大众传播时代的表达权

播还是有线电视,其都应以"媒介"而非"发言者"的身份进入表达自由的思考之中。因此,不管是红狮案中的"代理或受托者"、帕西菲卡广播案中的"条件和情境"抑或是特纳 I 案中的"管道、瓶颈和看门人",它们都意味着这些大众媒体被认定为大众交流和传播的媒介。

在上述前提下,同样得到贯彻的还有"基于媒介"的分析进路。不过在不同的个案中,最高法院也进一步发展和完善了这一进路。

在帕西菲卡广播案中,最高法院抓住了广播频率稀缺性之外的另一种属性——遍布性或侵入性(invasive)。该案法庭意见反复强调:正是广播的这种遍布性,使得人们随时都有可能接触到广播节目。这种相遇不仅概率极高且不可预见,而且它可能在人们毫无准备的情况下"侵入"人们享有高度隐私保护的时间和地点。广播的这种属性使得一个特殊的群体极易受到广播上不良信息的危害——未成年人。帕西菲卡广播案因此也是最高法院第一次在媒体管制领域高高举起"保护未成年人"的大旗。与红狮案相比,帕西菲卡广播案有两点值得特别注意。首先,如果说频率稀缺性是从广播这一媒介的物理属性出发,那么遍布性或侵入性则更多地是从媒介的社会和文化属性予以考虑。伴随着大众媒体在日常生活中所扮演的角色越来越重要,其所具有的文化和社会功能也日益突出。其次,帕西菲卡广播案的法庭意见具有强烈的传播学色彩,这标志着最高法院从大众传播的角度来思考表达自由问题的日益成熟。根据之前对拉斯韦尔5W模式的介绍,在引入了"媒介"这一因素之后,这一思考角度的成熟代表着整个表达自由分析和思考框架的转变。而帕西菲卡广播案的法庭意见反复描述和分析一个坐在父亲车里听到《脏话》节目的未成年人,对这一场景的分析其实就是一个典型的大众传播学分析。在本案中,法庭意见不仅仅考虑《脏话》是否属于低俗(内容分析)节目,而且讨论其出现的媒介(媒介分析)可能包含大量未成年人在内的潜在听众(受众分析)以及这种广播节目对听众的负面影响(效果分析)。这当然不是说最高法院的法官进行了传播学的学习,并有意识地根据传播学的一些模型和理论来分析案件;相反,自红狮案之后最高法院在表达自由思考上的范式转换是一种相对"无意识"的产物。这一转型不是理论导向和概念先行的结果,大法官们仍旧多采取实用主义和现实主义的立场来分析和思考具体的个案——笔者此处想强调的是这更多是基于对现实的自觉反应,即在现实中大众传播已经成为人们交流和获取信息的主要方式,公共性的传播和交流绝大多数都发生在大众媒体之上,表达自由理论向大众传播模式的转变恰恰是基于对这一现实和事实的反应。

在面对有线电视这一媒介时,最高法院首先否认了其存在任何稀缺性的问题。不过,红狮案中承认稀缺性

第三章 质与器:"基于媒介"模式与大众传播时代的表达权

是为了管制的需要,而在特纳Ⅰ和特纳Ⅱ案中否认有线电视存在稀缺性同样是为了管制的需要——既然有线电视系统存在足够的带宽和频道,那么它们完全有能力承担起"必须传输"条款所要求转播的广播电视信号。此外,通过对有线电视系统中有线电视运营商和节目商的运营和角色的十分技术化的论述,最高法院还确立了另一种独特的属性——这种属性是基于有线电视在全国电视信号转播和传输中以及经济市场中的垄断地位——有线电视系统可能利用其优势地位完全垄断和控制绝大多数公民看什么、听什么,这就是所谓的"瓶颈"和"管道"的地位。正是基于有线电视的上述性质,"必须传输"条款得到了支持。

伴随着大众媒体和法院判例的不断发展,"基于媒介"的进路在学界也得到了越来越多的响应。如欧文·费斯所言,"今天早已没有街角发言者了"。曾经站在街头肥皂箱上的发言者早已转移到了 CBS 这样的大众媒体之上,这也是为什么费斯一直呼吁表达自由的研究必须要"从街头转向 CBS"。[①] 在另一篇名为《寻找一种新范式》的文章中,费斯将包括 CBS 在内的大众媒体称为言论的"基础"(ground)和"技术情境"(technological context),他主张对于表达自由的思考必须基于这种技术情境。在"从街头转向 CBS"后,费斯提醒学者应该随

[①] Owen Fiss, "Free Speech and Social Structure", 71 *Iowa L. Rev.* 1405, 1409–1411 (1986).

时准备好从 CBS 转向下一种新的媒介。① 而巴尔金则把"媒介"称为表达自由的"技术和社会条件"(technological and social condition)。在他看来，每一种形态的媒体都会将表达自由中某些"处于后台的特征推向前台"，而表达自由理论则要求学者必须对这些新"显现"(salient)出来的特征做出调整和回应。②

费斯和巴尔金的文章虽然都是针对整个表达自由的研究而言，但他们写作的一个共同的背景就是互联网的出现。面对互联网——这一可能是有史以来最具革命性的媒介，表达自由如何从 CBS 转向互联网？最高法院又一次需要做出选择。

3.4 再次面临选择：网络时代的到来

本节将对 Reno v. American Civil Liberties Union 案③（以下简称"雷诺案"）、Ashcroft v. American Civil Liberties Union 案④（以下简称"阿什克罗夫特案"）和 United States v. American Library Association 案⑤（以下简称"图书馆联合会案"）的判决进行分析，试图论证面对互联

---

① Owen Fiss, "In Search of a New Paradigm", 104 *Yale L. J.* 1613, 1613–1615 (1995).
② Jack Balkin, "Digital Speech and Democratic Culture: A Theory of Freedom of Expression for the Information Society", 79 *N.Y.U.L. Rev.* 1, 1–6 (2004).
③ Reno v. ACLU, 521 U.S. 844 (1997).
④ 542 U.S. 656 (2004).
⑤ 539 U.S. 194 (2003).

第三章　质与器："基于媒介"模式与大众传播时代的表达权

网这一全新媒介，最高法院再一次选择了"基于媒介"的表达自由思考模式。同时，虽然未来的发展仍有待观察，但本章试图结合上述案例以及学界目前的讨论指出这样一种趋势：在网络时代，表达自由的未来将日益受作为媒介的互联网的影响甚至控制。

3.4.1　雷诺案

3.4.1.1　背景分析

如前所述，美国媒体和电信管制的基础长期以来是由《1934 年通讯法》所确立的。① 1996 年，美国国会在半个多世纪过去后才第一次对这部"根本大法"进行大修。如果说《1934 年通讯法》的背后是广播的兴起，那么《1996 年通讯法》（*The Communication Act of 1996*）的一个重要背景就是互联网的出现。

正像帕西菲卡广播案中的广播一样，伴随着互联网的迅速普及和发展，其上的色情淫秽内容也日益泛滥。而与其他形式的媒体相比，在各个国家的网民构成中，青少年和未成年人都占极大比重。如何确保未成年人远离这些不良内容就成了广大家长和老师非常正当且合理的关切。在美国，这种来自民间和选民的呼声自然很快就会反映到立法和行政机关那里。时任总统的克林顿就曾指出，表达自由固然是值得珍视的传统，但对未成年

---

① 〔美〕唐·R. 彭伯：《大众传媒法》，张金玺等译，中国人民大学出版社，2005，第 549 页。

人的保护具有绝不亚于前者的意义。①

1996年，国会投票通过《1996年传播风化法》（*Communications Decency Act of 1996*，简称CDA），并将其作为一部分加入了新通讯法的第5章。顾名思义，本法直接针对互联网上的低俗内容和传播。

CDA对低俗内容的管制主要体现在223（a）和223（d）两条。其中223（a）又被称为"低俗"条款，这一条款旨在禁止在一切形式的传播中，故意向未满18周岁的对象通过评论、请求、暗示、建议、图像等任何形式进行"淫秽或低俗"的传播，违者将被处以2年以下有期徒刑。而223（d）则是关于"明显冒犯的传播"，具体是指故意向未满18周岁的未成年人以明显冒犯当前社区标准（contemporary community standard）的形式传播涉及"性和排泄器官和行为"的信息，违者同样将被处以2年以下徒刑。②

很显然，"低俗"和"明显冒犯"这两条是国会为了回应美国家长和老师日益高涨的对未成年人使用互联网的忧虑。同年，强制所有电视安装"V芯片"（V-Chip）的规定也被加入了新修订的通讯法中。③民众对保护未成年人远离媒体上不良内容的呼声之强烈可见一斑。

---

① http：//epic.org/free_speech/cda/clinton_cda_decision.html，最后访问日期：2019年4月15日。
② http：//www.fcc.gov/Reports/tcom1996.txt，最后访问日期：2019年4月15日。
③ http：//www.fcc.gov/vchip/，最后访问日期：2019年4月15日。

但 CDA 一经通过就引起了轩然大波。通常而言，一个案子要想来到最高法院要花去大量的时间。但就在时任总统的克林顿于 1996 年 2 月 8 日签署法案后不久，就产生了针对 CDA 合宪性提出挑战的诉讼。一周后，就已经有地区法院法官在判决中推翻了 CDA。不到一年的时间，关于 CDA 合宪性的诉讼就来到了最高法院。这就是被视作互联网表达自由第一大案的雷诺案。

3.4.1.2 判决分析 I：作为媒介的互联网及其属性

在雷诺案中，最高法院首先面临的仍旧是这样一个"经典"的老问题：应当把互联网当作一种"媒介"还是"发言者"？法庭意见对于这一问题的回答十分干脆。9 位大法官一致认为"互联网已经从 60 年代美国军方发明的通信工具变成了今天一种独特而全新的人类交流的媒介"。那么，这一"独特而全新的媒介"究竟具有哪些属性和特征呢？

由斯蒂文斯法官撰写的法庭意见再一次采取了"基于媒介"的进路。判决书开篇就是名为"互联网"的单独一章，专门分析和讨论互联网的媒介属性。乍看之下，斯蒂文斯法官接下来的论述相当"技术化"。但通过之前的一系列判例我们知道，在"基于媒介"进路下，对某一特定媒体技术问题的讨论背后往往隐含着法律或宪法问题的答案。因此，我们必须认真对待斯蒂文斯法官的讨论。

斯蒂文斯法官列举了互联网这种大众媒体所具有的一些特征,总结一下有四点。(1)极易接近(access)。任何人只要连接到互联网,就可以通过包括电子邮件、邮件群、新闻组、聊天室和万维网等各种交流和信息检索手段传输文字、图片、声音甚至视频。这些手段构成了"网络空间"这样一种独特的媒介。按照法庭意见的描述,自20世纪60年代以来就困扰政府的"接近难"问题似乎在互联网上看到了解决的可能。(2)内容丰富多样。斯蒂文斯法官认为,通过邮件群、新闻组和聊天室等方式,人们可以讨论"从瓦格纳的音乐、巴尔干半岛政治局势、预防艾滋病直到芝加哥公牛队在内的海量主题……毫不夸张地说,互联网上的内容就像人类的想法一样多种多样"。(3)浏览的直接性(straight forward)和主动性。斯蒂文斯法官认为互联网上最重要的一种传播方式是:如果人们试图登录和浏览某一特定网页,他需要输入网址、点击其他网站的链接或者在搜索引擎上输入某些关键词。总之,浏览网页的行为"更像是打电话时拨电话号码"。在后面的论述中,我们可以发现互联网的这一特征是至关重要的,网民行为的主动性和直接性与帕西菲卡广播案中广播听众那种被动的接收方式大不相同。这点也将会对案件的结果产生重要影响。(4)互联网的去中心化或分散化。互联网上,大量的信息和数据分散地储存在世界各地的数以千万计的网民的个人电脑上。因此,"互联网上不存在一个可以屏蔽个人网站或服务的中心"。显然,与"去中心化"的互联网相比,广播、有线电视,甚至报纸,都存在一个或一些拥有控制权和垄断力的中心。

正是基于上述对互联网的物理和技术特征的论述,斯蒂文斯指出了互联网上"低俗"问题所具有的独特性。首先,网上与性有关的内容数量巨大、范围广泛,从"轻微的挑逗到赤裸裸的硬色情(hardest-core)"。其次,互联网上不存在"社区"这个概念,一则来自加利福龙亚州的信息能被纽约、辛辛那提甚至北京的用户获取;同时,来自国外的内容也可以被美国国内的用户获得。最后,也是最关键的,用户很少偶然地接触到此类内容。"通常,文档的标题或描述都会先于文档出现……很多时候,用户在采取下一步行动前会得到有关文档内容的详尽的告知。绝大多数具有与性有关内容的网站都会事先进行警告。"法庭意见特别强调,与广播和电视的传播方式不同,在互联网上接收信息需要一系列比拨电话号码更有意和直接的主动步骤(a series of affirmative steps more deliberate and directed than merely turning a dial)。

与帕西菲卡广播案相似,这段判决很像一段细致的传播学分析。斯蒂文斯法官对网民浏览互联网习惯的分析,其潜在针对对象就是帕西菲卡广播案中坐在父亲车上听到了《脏话》节目的那名未成年人。在帕西菲卡广播案里,正是广播所特有的"遍布性",使得未成年人很可能被动地接触到低俗的内容,因此 FCC 十分严格的管制才能成立。但在互联网时代，网络独特的属性使得未成年人很难"被动"地接触到低俗或淫秽内容；如果他们接触到的话，很可能都是他们"主动"为之的结果。简言之，互联网上只有主动、积极的网民，不存在广播上那种被动、消极的听众。

3.4.1.3 判决分析Ⅱ：互联网与广播的比较

为了支持 CDA 的合宪性，政府一方提出了三个先例，它们分别是：Ginsberg v. New York 案[①]、帕西菲卡广播案和 Renton v. Playtime Theatres 案[②]。

在 Ginsberg v. New York 案中，最高法院支持了纽约州的一项立法。该法禁止向 17 岁以下的未成年人销售那些对成年人来说不属于淫秽的材料。在该案中，最高法院第一次明确承认"保护未成年人的健康成长"是一项重要的州利益。但是法庭意见却认为政府对 Ginsberg v. New York 案的援引存在四个问题：（1）Ginsberg v. New York 案中纽约州法律并不禁止父母为自己的孩子购买低俗的出版物，然而 CDA 却将之一并禁止；（2）纽约州立法只限于商业交易，而 CDA 却将非商业性行为也包含在内；（3）纽约州立法有"对未成年人缺乏任何可补救的社会价值"这一兜底条款，但那些具有一定"文学、美学、政治和科学价值"的作品却也可能被 CDA 一网打

---

① 390 U.S. 629 (1968).
② 475 U.S. 41 (1986).

尽；(4) Ginsberg v. New York 案中受保护的对象是 17 岁以下儿童，CDA 却将这一范围扩大至 18 周岁。简言之，与 Ginsberg v. New York 案相比，CDA 的最大问题在于规制范围"过宽"。

在 Renton v. Playtime Theatres 案中，得到支持的则是将一家成人影院搬离社区的"区隔"(zoning)规定。斯蒂文斯法官指出，将成人影院搬出社区并不是因为成人影片的内容(content)，而是针对类似犯罪增多和房价下跌这类"次要效应"(secondary effects)。而 CDA 将未成年人与低俗内容分开的规定虽然可以算作"区隔"，但 CDA 的立法目的却不是低俗内容所产生的"次要效应"。CDA 的规制是直接针对低俗内容本身——"它是基于内容的对言论的一揽子限制"(a content-based blanket restriction on speech)。

最为重要的是帕西菲卡广播案和 CDA 的比较。在这段论述中，法庭意见对最高法院自红狮案以来的一系列判决进行了一次简单的梳理。而这一系列判决首要的原则就是"每一种表达媒介都存在不同的（表达自由）问题"——基于媒介。[1] 无论是广播、有线电视，还是今天所面对的互联网，其管制的正当性都在于该媒介独有的属性。帕西菲卡广播案中对广播的严格管制之所以能够成立，是基于广播频率的稀缺性和遍布性。也就是说，帕西菲卡广播案所针对的并不是低俗的内容，而是低俗

---

[1] Southeastern Promotions, Ltd. v. Conrad, 420 U.S. 546, 557 (1975).

内容所处的"情境"——广播。因此，政府必须论证互联网——这一低俗内容的新情境——能否支持他们如此严格的管制。

但从判决书第一章对互联网的分析可以看出，最高法院并不认为互联网具有类似广播的媒介属性。首先，互联网上不存在频率稀缺性的问题。相反，正如之前斯蒂文斯法官提到过的，互联网上存在"像人类思想一样多种多样的内容"。同时，互联网又是一种很容易"接近"的媒体，任何人直接连接上互联网，就可以用很低的成本发言、获取和交流信息。困扰包括广播、报纸和有线电视等媒体的普通民众的"接近权"问题，在互联网这里似乎并不紧迫。其次，互联网上也不像广播那样具有"遍布性"和"侵入性"。在讨论网上低俗内容的特殊性时，法庭意见其实就已经推翻了帕西菲卡广播案中那个经典的场景（或人设）——一个坐在父亲车里无意中听到低俗广播的未成年人。那么，最高法院新建立的模型是什么？在互联网时代，并不存在一个"无辜"、"被动"和"偶然"的未成年受众；相反，更有可能出现的是一个坐在电脑前，通过点击鼠标或者输入某些关键词查询来"主动"寻找低俗内容的未成年人。既然在网上接触低俗内容的未成年人多半是"主动"的，那么将施加给广播者的严格责任移植到互联网领域显然是不合适的。

除了互联网和广播之间技术和物理属性的不同，

第三章 质与器:"基于媒介"模式与大众传播时代的表达权

CDA 与帕西菲卡广播案中 FCC 具体的、针对个案的规定的区别还在于,"低俗"和"明显冒犯"是一般性的、抽象的规定。因此,它们还面临规制范围"过宽"和"模糊"两项挑战。

斯蒂文斯法官认为,CDA 的"模糊"体现在两个方面。首先,CDA 中交替使用"低俗"和"明显冒犯"两个"概念",却从未给出准确、清晰的定义。这两个"概念"各自的定义是什么?还是这两个"概念"针对的是同一种对象?立法者在这两个关键概念上的模糊态度,使得人们在讨论像同性恋、帕西菲卡广播案等严肃议题时,并不能确定自己是否已经进行了低俗的传播。其次,与最高法院判例中所确认的"淫秽"标准相比,CDA 所试图禁止的内容也过于模糊。米勒诉加州案(Miller v. California)[①] 所认定的"淫秽"内容应具有以下三个要件:(1)该作品作为一个整体,被适用当前社区标准的普通人认为会激起淫欲;(2)以明显冒犯的方式刻画或描述被州法所定义的性行为;(3)整个作品缺乏严肃的文学、美学、政治或科学价值。与之相比,CDA 缺乏如此清晰的定义。更何况,CDA 是直接针对言论内容的限制,而且有刑事处罚作为后盾,这更是大大增加了因其"模糊"而带来的危险。

同时,CDA 还存在规制范围"过宽"的问题。大量受到保护的言论都被 CDA 一网打尽:那些不属于淫秽但

---

① 413 U. S. 15(1973).

可能涉嫌低俗的言论是否应受到保护？如何保证成年人的权利不受到侵犯？如何在商业和非商业言论之间做出区分？在超越国界的互联网上，"当前社区标准"如何适用？……CDA的制定者对这些非常重要的问题都没有做出回答。

基于上述论述，最高法院认为CDA必须被推翻。国会第一次通过立法管制互联网的努力归于失败。

3.4.2 后雷诺案时代

3.4.2.1 直接管制的终结：阿什克罗夫特案

CDA被最高法院推翻后，来自民众的批评不绝于耳。国会在第二年卷土重来。《儿童在线保护法》（*Child Online Protection Act*，以下简称COPA）于1998年获得通过。这一次国会改变了目标，从"反低俗"转向了"限制未成年人在互联网上接近任何对其有害的材料"[1]。从法案的名称就可以看出，国会不再使用"低俗"、"明显冒犯"等模糊、宽泛的概念，而是使用了"对未成年人有害"（harmful to minors）这一表述，将保护未成年人这一目的格外突出。与CDA相比，COPA主要进行了以下一些修正。

第一，COPA只规制商业行为。

第二，COPA将CDA中严格的刑事惩罚降为5万美

---

[1] http：//www.law.cornell.edu/uscode/html/uscode47/usc_ sec_ 47_ 00000231—000-.html，最后访问日期：2019年4月15日。

元罚金和 6 个月监禁。

第三，COPA 将未成年人定义为 17 周岁以下，而不是 CDA 中的 18 周岁以下。

第四，针对法院对于 CDA "低俗"和"明显冒犯"过于模糊的攻击，COPA 对什么是"对未成年人有害"做出了较为具体、清晰的定义——任何交流、图片、图像、文章、录音、文字以及其他形式的淫秽材料，或者（1）一个适用当前社区标准的普通人，将作品视作一个整体并且从未成年人的角度来看，该作品会勾起或迎合下流的兴趣；（2）从未成年人的角度来看，以明显冒犯的方式刻画、描写或表现了实际或模拟的性交或其他性行为，实际或模拟的正常或变态的性交或性行为，或者低俗地展示生殖器官或发育后的女性乳房；（3）作为整体而言缺乏对未成年人的严肃的文学、美学、政治或科学价值。

第五，根据雷诺 Reno 案中法院指责 CDA 可能侵犯成年人的权利，COPA 设计了更为复杂的区分和认证方式，包括通过信用卡、贷款账户、成人登录密码、个人身份识别号码、电子年龄认证和其他可行的技术手段。

从 COPA 的内容可以看出，国会这次最大的变化在于抛弃了 CDA 中"低俗"和"明显冒犯"这两个含糊的概念，而对什么是"有害于未成年人"做出了具体、清晰的定义。这种定义方式基本是以最高法院在米勒诉加州案中对"淫秽"的审查标准为参照的。只不过根据 COPA 保护未成年人的特殊性，国会加入了一些类似

"从未成年人的角度"的标准。

但在阿什克罗夫特案中,最高法院最终还是推翻了COPA,九位大法官面对是否应该支持联邦法院对COPA的临时禁令(preliminary injunction)分裂为5∶4。

肯尼迪大法官撰写了多数意见,支持下级法院颁布的禁令。不过本案中的法庭意见与雷诺案颇为不同,肯尼迪法官认为多数意见支持针对COPA的禁令只是因为存在一个比COPA"更值得称道的、限制更少的选择"——屏蔽和过滤软件(blocking and filtering software)。肯尼迪法官认为,过滤软件与COPA相比,首先在于它安装在每一个用户的终端,不是对整个网络进行限制;其次,过滤软件可以更为有效地屏蔽来自国外的不良内容;最后,过滤软件比COPA提供的年龄认证方式更难规避。有鉴于此,最高法院支持了下级法院对COPA的临时禁令。肯尼迪大法官还特别指出制定COPA的儿童在线委员会(Commission on Child Online)在自己的报告中也承认过滤软件是比COPA年龄认证更有效的方式。[①]

伴随着CDA和COPA接连被推翻,最高法院相当于直接宣告了国会直接管制言论内容的方式走到了尽头。在最高法院看来,COPA和CDA的思路其实完全一致,仍旧是试图通过"区隔"来解决问题。唯一的不同在于,COPA画了一个比CDA小得多的区域,被纳入其中的言论相对少一些。虽然COPA再次失败,但最高法院在本

---

① http://www.copacommission.org/report/,最后访问日期:2019年4月15日。

案中其实已经为未来指明了方向——问题已经不再是画多大的一个圈,而是国会的思路必须改变。通过"区隔"方式直接管制言论内容的方式在网络时代已经走到了尽头——因为在互联网上存在一种"更值得称道的、限制更少的选择"——过滤软件。

3.4.2.2 走向过滤:图书馆联合会案

路线问题一旦解决,后面的事情就变得容易许多。1999年,时任参议员的麦凯恩发起了《儿童互联网保护法》(*Children's Internet Protection Act*,以下简称CIPA)并于2000年获得通过。

CIPA最大的改变在于美国国会转变了策略,不再试图直接对内容进行管制,而是采用了最高法院所"推荐"的过滤软件。具体来说,如果学校和图书馆希望获得联邦资助(或折扣)购买电脑或接入网络,那么根据CIPA的要求,学校和图书馆必须具有互联网安全政策(Internet Safety Policy)和技术保护措施(Technology Protection Measure),每一台接入互联网的电脑必须具有相应的过滤软件可以屏蔽"属于淫秽或儿童色情的图像,并且防止未成年人获取对其有害的材料。"

尽管COPA被宣布无效,但是其中"对未成年人有害"的标准并没有被直接否决,因此CIPA很大程度上沿用了这一概念。而学校和图书馆获得的资助则有两个来源,一个源于《1996年通讯法》中的"E分级"(E-

Rate）计划，另一个则来自《图书馆服务与技术法案》（*Library Services and Technology Act*，以下简称 LSTA）。除此之外，CIPA 要求当一个成年人出于研究或其他正当目的而需要连接互联网时，工作人员应该解除锁定或屏蔽。而且，对于不接受"E 分级"或 LSTA 的学校和图书馆，CIPA 不做任何要求。

CIPA 同样难逃被起诉的命运，美国图书馆联合会（American Library Association）在 2001 年 1 月就提起了针对 CIPA 的诉讼。不过与"前辈们"坎坷的命运不同，在图书馆联合会案中，最高法院支持了 CIPA 的合宪性。

首席大法官伦奎斯特撰写的法庭意见并不复杂，因为过滤这条道路本就是最高法院自己指给国会的。他只是专门回应了一下被上诉人认为 CIPA 是"对进入公共论坛的基于内容的限制"的说法。他认为 CIPA 并不侵犯成年用户在图书馆和学校等公共场所的第一修正案权利，CIPA 的立法目的是国会合法行使其权力来实现其保护未成年人的利益。公共图书在社会中的价值在于"利于人们学习和丰富文化"，图书馆要选择性地提供那些"对共同体有直接、重大好处和利益的材料"。因此，图书馆中的网络接入是为了帮助实现图书馆的这些主要价值，绝不是"传统上的或被设计出来的公共论坛"。而且，CIPA 只为那些安装了过滤软件的图书馆和学校提供资助而并不是对那些拒绝安装此类软件的场所的惩罚，CIPA 提供的资助或折扣"并没有拒绝给予任何人好处，只是政府简单地依据其合法权力有目的地使用公共资金"。因此，CIPA 最终获得了最高法院的支持。

至此，历经 CDA、COPA 和 CIPA 三部法律以及雷诺案、阿什克罗夫特案和图书馆联合会案三份判决书，走向过滤似乎成了美国国内的共识。但是今天的互联网仍旧处在一个不断变化和发展的时期，很多可能对其产生重大影响的争论目前尚未进入诉讼甚至立法程序。下一节将结合美国司法和学术界目前的讨论大致勾勒出表达权在未来可能的发展方向和趋势。

3.4.3 未完待续：互联网与表达自由

3.4.3.1 互联网的真正属性——可规制性

本章在开篇曾说过，互联网的出现使得最高法院又一次面对在 30 年前红狮案和托尼罗案中曾经面临的选择——应该用"街角发言者"范式还是"基于媒介"模式来思考网络时代的表达权问题。

在雷诺案中，美国最高法院近 30 年来第一次推翻了国会试图管制大众媒体的努力。不少学者欢呼这是对报纸模式或"街角发言者"范式的回归。在他们看来，互联网的确无比接近巴隆所描绘的那种"19 世纪的浪漫想象"——普通公民可以没有障碍地演讲、辩论。在他们看来，互联网就是一个存在于虚拟空间的街头或市镇会议。

不过，如果我们细读判决就会发现，雷诺案虽然推翻了 CDA，但却是在"基于媒介"模式下做出的这一决定。换言之，最高法院并没有否定互联网的"媒介"身份，其最终判决恰恰是基于互联网所独有的媒介属性。对于这点最好的体现就是斯蒂文斯在判决书第一章中对互联网媒介属性的大段讨论。但是，这一次最高法院在"基于媒介"进路下所构建的互联网的媒介想象却与之前的广播和有线电视大不相同。法庭意见认为互联网具有以下四种属性：（1）普通公民极易接近；（2）内容极为丰富多样；（3）与传统媒体中被动的受众不同，其用户是高度主动和直接的；（4）互联网的基本架构是"去中心化"，即不存在一个居中的发布或控制机构。

总结起来就是两点：首先，互联网是一种自由的媒介，而且这种观点还特别强调互联网在本质上是自由的；其次，互联网还是一种"民主"的媒介，即与广播和有线电视这种由寡头垄断的媒体形象不同，互联网是一种"平民主义"（populist）的媒介——互联网是普通公民的、大众的互联网。这样来看，如果说最高法院之前需要限制广播和有线电视的新闻自由来让它们为民众的交流和传播服务的话，面对互联网这一已经掌握在人民手里的媒介，司法机关需要做的只是给它足够的自由和空间。

这种认为互联网"既自由又民主"的观点在雷诺案判决时绝对占据主流。几乎诞生于同一时期的《网络空间独立宣言》就是这种观点中最好的代表。作者约翰·

第三章 质与器:"基于媒介"模式与大众传播时代的表达权

佩里·巴洛(John Perry Barlow)在这份独立宣言中发出了这样的呐喊:"工业世界的政府!你们这群令人讨厌的铁血巨人!我来自网络空间,一个思想的新家园。我代表未来,要求落伍的你们离我们远点儿。我们不欢迎你们。在我们聚集的地方,你们不再享有主权。"① 同时,这段宣言中还有如下这段著名的话:"你们不了解我们,也不了解我们的世界。网络世界并不处于你们的领地之内。不要把它想成一个公共建设项目,认为你们可以建造它。你们不能!它是一个自然之举(an act of nature),于我们集体的行动中成长(it grows itself through our collective actions)。"莱斯格(Lawrence Lessig)认为用一句话总结这种观点就是"网络空间只能是自由的。自由是它的本质"。② 我们必须承认直到今天,对互联网的这种认识仍旧相当普遍。在他们看来,互联网就是一个表达自由的乌托邦。互联网不仅仅是自由的,更重要的是,它本质上就是自由的。

然而在到处弥漫着这种乐观情绪时,仍有少数人发出了一系列看似不合时宜的质疑:互联网真的是自由的吗?即使它现在是自由的,它本质上是自由的吗?而它能够这样一直自由下去吗?莱斯格正是"反乌托邦"阵营中最富洞见的一位。在《代码2.0:网络空间中的法

---

① http://w2.eff.org/Censorship/Internet_censorship_bills/barlow_0296.declaration,最后访问日期:2019年4月15日。
② 〔美〕劳伦斯·莱斯格:《代码2.0:网络空间中的法律》,李旭等译,清华大学出版社,2009,第4页。

律》一书中,莱斯格的回答非常简单——互联网在本质上并不是自由的。虽然它在早期可能是自由的,但没有人可以保证它会自由下去。如果我们还是天真地坚持认为互联网的本质属性就是自由的话,曾经拥有的自由马上就会消失殆尽。事实上,莱斯格《代码2.0:网络空间中的法律》一书的写作真是基于这样一个背景:一只看不见的手正使网络空间变得越来越不自由。①

如果自由不是互联网的属性,那什么才是?在莱斯格看来,如果说互联网有什么本质属性的话,那就是"可规制性"(regulability)。根据莱斯格的定义,可规制性就是指互联网在本质上是一种非常容易被规制的媒介。或者说,作为媒介的互联网在技术上具有极高的可塑性。"互联网本质上是自由的"这一观点的错误就在于其支持者没有看到互联网早期的自由都是人为地通过技术手段设计和建构出来的,这种自由并不是一个自生自发、自然而然的结果——互联网不是一个巴洛所说的"自然之举"。互联网从来就是一个被建构、设计出来的产物。它背后这只"无形的手"既然曾经可以将互联网"设计"得很自由,它同样可以将其变得极度不自由——而莱斯格认为这恰恰就是正在发生的事情。② 同样致力于戳穿互联网的乌托邦神话的还包括《互联网的未来》一书的作者哈

---

① 〔美〕劳伦斯·莱斯格:《代码2.0:网络空间中的法律》,李旭等译,清华大学出版社,2009,第5~8页。
② 〔美〕劳伦斯·莱斯格:《代码2.0:网络空间中的法律》,李旭等译,清华大学出版社,2009,第30~42页。

佛法学院教授乔纳森·齐特林（Jonathan Zittrain）。齐特林关注互联网的另一种所谓的"本质属性"——创新。在他看来早期对创新充满鼓励的互联网正被改造得日益封闭和保守，而人们需要做的则是拯救互联网的未来。[①]

无论是齐特林关注的"创新"还是莱斯格所说的"自由"，其问题背后都指向了互联网真正的媒介属性——可规制性，即互联网这一言论媒介在技术上的高度可塑性。而这也应该是我们思考网络时代表达权问题的一个最基本的出发点。

3.4.3.2 表达权的未来：走向对媒介的规制？

在"基于媒介"模式下，我们应该如何基于互联网的"可规制性"来思考表达权问题呢？

如前所述，"基于媒介"的思考进路可以抽象成两个问题，首先是对一个"技术性问题"的回答：某一特定媒介具有哪些属性？然后是一个理论或者宪法问题：基于上述媒介属性，应适用何种表达自由的标准。前文曾指出，很多时候对第一个问题的回答就决定了第二个问题的答案。但在广播和有线电视那里，对媒介属性的认定很多时候像是在做"选择题"。它们的媒介属性很大程度上属于一种"已经存在"的状态，一种等待"被发现"或"被挑选"的状态——等待美国最高法院从中发

---

① 〔美〕乔纳森·齐特林著《互联网的未来：光荣、毁灭与救赎的预言》，康国平等译，东方出版社，2011，第5~9、131~149页。

现和挑选某些属性以完成他们对于媒介形象的建构和论述，比如广播频率存在稀缺性这是事实，美国最高法院不过是去"选择或认定"这一属性并以此来建立管制的正当性。但是互联网的可规制性却使得对媒介属性的认定从做"选择题"变成了"填空题"。不仅仅是美国最高法院、国会、白宫、FCC 甚至包括 AT&T 和 Google 这样的商业巨头，它们却不再被动地从已有选项中挑选；相反，它们第一次拥有了可以直接去改变、影响和塑造互联网——这一表达自由的媒介的力量。这在前网络时代是不可想象的。鲍威批评将大众媒体认定为媒介而非发言者是一种工具主义的立场，[1] 假如我们将大众媒体看成一种工具，以前美国最高法院还需要通过自己判决中的原则和理论来"控制"这一工具；但是在网络时代，上述种种机构却可以超越"明显而现实的危险"、"思想市场"等理论和原则来直接改造和控制表达自由的媒介，从而对表达权施加更为直接、彻底和根本的影响。可以说，具有高度可规制性和可塑性的互联网就是一种极易掌控但又威力无穷的"致命武器"。

正是基于互联网的这种可规制性，我们可以看到今后表达自由斗争的焦点日益转向对作为表达自由媒介的互联网的争夺和控制。当莱斯格说"代码就是法律"时，他已经看到了通过代码进行管制和通过法律进行的管制

---

[1] Lucas Powe, *The Fourth Estate and the Constitution*, *Freedom of the Press in America*, University of California Press, at 239 (1991).

第三章 质与器:"基于媒介"模式与大众传播时代的表达权

同样有效。而巴尔金更是指出法律已经不如代码管用了。巴尔金认为法官所创造的第一修正案教条和理论在数字时代已经与现实中真正关键的问题无关,"表达自由的未来"将由"技术设计、立法和行政规定、新商业模式的形成以及终端用户的集体行动来掌握……"[①] 而无论是技术设计、立法行政规定还是商业模式,其对象和基础都是表达自由的媒介和平台——互联网。

从上述趋势来看,无论是像费斯那样将印刷媒体、广播和有线电视称作表达自由的"技术情境"还是像巴尔金一样称其为"技术和社会条件",长期以来这些媒介和平台都在表达自由身后扮演着一种幕后的、消极的角色。但是在网络时代,作为表达权的媒介和背景的互联网却有可能第一次走上前台,日益深刻地影响甚至主宰着今天的我们如何表达和交流。一言以蔽之,作为媒介的互联网将变成真正主宰和影响表达权的"王器"。对此更多的讨论,我们将留到下一章继续。

---

① Jack Balkin, "The Future of Free Expression in the Digital Age", 36 *Pepp. L. Rev.* 427 (2008).

第四章 旧与新：告别『街角发言者』——网络时代的表达权

4.1 引言

2014年2月15日，《哈佛法律评论》邀请一批美国顶尖的宪法和网络法学者，组织了一次名为"数字时代的新闻自由"的主题研讨。[1]

哈佛法学院教授马克·图什内特做了题为"对第一修正案和信息经济的反思"的开场致辞。[2] 作为东道主的代表，图施内特开宗明义地点出了本次会议的主旨：在纽约时报诉萨利文案[3]判决五十周年即将到来之际，希望与会学者共同探讨和反思第一修正案和表达权在网络时代所面临的种种问题。

这不禁使人想起20年前的另一场会议。1995年，一场名为"新兴媒体技术与第一修正案"的主题

---

[1] 本期主题研讨的论文已经发表在《哈佛法律评论》第127卷第8辑。请参见《哈佛法律评论》官网，http://harvardlawreview.org/issues/volume-127-issue-8/，最后访问日期：2019年4月15日。

[2] Mark Tushnet, "Introduction: Reflections on the First Amendment and the Information Economy", 127 *Harv. L. Rev.* 2234 (2014).

[3] New York Times Co. v. Sullivan, 376 U.S. 254 (1964).

研讨在耶鲁法学院召开。① 如果说今年哈佛会议的主题是"反思",那 20 年前耶鲁会议的关键词则是"预测与展望"。方兴未艾的互联网究竟会给表达自由带来怎样的影响?——这是当时萦绕在所有学者脑海中的问题。

这一前一后两次会议提醒我们,不知不觉中,我们已在网络时代生活了 20 多年。20 年前,微软的 Windows 95 操作系统刚刚面世。谷歌的两位创始人拉里·佩奇和谢尔盖·布林在斯坦福大学的校园里第一次见面。② 此时距离苹果发布第一代 iPhone 还有 12 年,而脸书(Facebook)的创始人马克·扎克伯格刚满 11 岁。如果我们把镜头拉到 1995 年的中国:那一年,中国电信刚刚在北京和上海开通了两个互联网接入节点;③ 包括张朝阳在内的中国互联网第一代海归刚刚回国,④ 而以丁磊、马云为代表的本土弄潮儿开始纷纷"下海"。⑤ 而 20 年后,无论是在中国还是美国,互联

---

① 这次主题研讨的论文发表于 1995 年 5 月出版的《耶鲁法律杂志》第 104 卷第 7 辑。这次研讨由《耶鲁法律杂志》召集,参与者包括凯斯·桑斯坦(Cass Sunstein)、劳伦斯·莱斯格(Lawrence Lessig)、尤金·沃洛克(Eugene Volokh)和小卢卡斯·鲍威(Lucas Powe, Jr.)等学者。欧文·费斯(Owen Fiss)教授代表组织者耶鲁法学院撰写了一篇导言。
② Google, "Our History in Depth", http://www.google.com/intl/en/about/company/history, 最后访问日期:2019 年 4 月 15 日。
③ 中国互联网络信息中心:《1994~1996 互联网大事记》, http://www.cnnic.net.cn/hlwfzyj/hlwdsj/201206/t20120612_27415.htm, 最后访问日期:2019 年 4 月 15 日。
④ 林军:《沸腾十五年》,中信出版社,2009,第 30~32 页。
⑤ 林军:《沸腾十五年》,中信出版社,2009,第 3~5 页。

网都已经影响甚至主宰着我们生活的方方面面。正如图什内特在哈佛会议的开场致辞中使用了"反思"一词，20年说长不长，但说短也不短，的确到了可以对网络时代的表达权问题做一番"阶段性"总结的时候了。

本章主要关注美国学界如何在互联网时代重新思考表达权问题。之所以选择这一主题和角度，是因为笔者相信，厘清这段学术历史和脉络对思考中国问题或许会有所帮助。具体来说，当我们在今天思考中国的表达权问题时，我们并非身处一个"非历史"的真空环境；相反，我们所面临的是一个非常具体的语境——网络时代和互联网。这是我们走不出也甩不掉的背景。这意味着，我们可能会同时面对美国表达权发展100年所经历的各个阶段和各种问题；我们要处理的可能是前网络时代和网络时代表达权问题的混合与交杂。

中国学界当然不必也不应照搬美国的理论和实践。但理论上的自信与自觉不能靠智识上的"闭门造车"和"闭关锁国"，真正的自信应建立在"知己知彼"、充分深入的了解之上。因此，本章试图通过分析和梳理美国法学界20年来如何在网络时代重新思考表达权问题，以及他们如何逐渐完成从前网络时代向网络时代的转型，希望对我们探索表达权问题的"中国道路"有所助益。

4.2 前网络时代的表达权:"街角发言者"范式

4.2.1 "街角发言者"范式与"申克—布兰登伯格"主线

互联网究竟如何改变了表达自由?欧文·费斯(Owen Fiss)在他为《耶鲁法律杂志》那次研讨所写的导言中,高屋建瓴地为这场变革定性:这是一场正在发生的革命。① 互联网彻底改变了人们交流和表达的平台——这一表达自由的"基础"(ground)。② 在网络时代,表达自由必须进行"范式转换"(paradigm shift)——从传统范式转向一种能够适应网络时代的新范式。③ 费斯这篇导言就取名为《寻找一种新范式》。

有"新"就有"旧"。20年前,当包括费斯在内的美国学者开始思考在互联网时代如何保护表达权时,他们并非无的放矢。他们的思考其实有一个明确的参照系,这就是前互联网时代传统的表达自由模式。其实这些学者真正追问的是:与表达自由保护的旧模式相比,互联网时代表达权的新模式应有哪些不同?

---

① Owen Fiss, "In Search of a New Paradigm", 104 *Yale L. J.* 1613 (1995).
② Owen Fiss, "In Search of a New Paradigm", 104 *Yale L. J.* 1613, 1614 (1995).
③ Owen Fiss, "In Search of a New Paradigm", 104 *Yale L. J.* 1613, 1614 (1995).

超越"街角发言者"

要回答这一问题,则必须首先清楚何为美国表达自由的传统模式。对此最形象的总结同样来自欧文·费斯——这就是费斯提出的"街角发言者(the street corner speaker)"范式。[1] 如其名字所示,"街角发言者"是指一个站在城市街角肥皂箱上的个人,他正在向路过的行人发表批评性言论。在这一想象出来的场景下,表达自由的首要任务就是保护这位街角发言者的言论不受剥夺或限制。[2]

与费斯遥相呼应,杰克·巴尔金(Jack Balkin)和桑福德·列文森(Sanford Levinson)曾借助宗教上"正典"(Canon)的概念来探讨何为"法律正典"(legal canon)。[3] 他们将"法律正典"定义为"其成员反复采用和讨论的文本、进路、问题、事例和故事",[4] 其意义在于"定义了法律何以成为一门独立的学科"[5]。在巴尔金和列文森看来,美国表达自由的全部思考其实都是源自"街角发言者"这个"经典模型"(canonical

---

[1] Owen Fiss, "Free Speech and Social Structure", in Owen Fiss, *Liberalism Divided: Freedom of Speech and the Many Uses of State Power*, Westview Press, at 8-30 (1996).

[2] Owen Fiss, "Free Speech and Social Structure", in Owen Fiss, *Liberalism Divided: Freedom of Speech and the Many Uses of State Power*, Westview Press, at 12-13 (1996).

[3] Jack Balkin & Sanford Levinson (eds.), *Legal Canons*, New York University Press, at ix (2000).

[4] Jack Balkin & Sanford Levinson (eds.), *Legal Canons*, New York University Press, at ix (2000).

[5] Jack Balkin & Sanford Levinson (eds.), *Legal Canons*, New York University Press, at ix (2000).

example)——如何保护一位发言者的煽动性诽谤言论(seditious libel)。[1] 这一经典模型设定和塑造了对表达权最基本的思考和想象。

"街角发言者"范式并非凭空产生,它来自对美国表达权最早也可能是最重要的一段历史的抽象和提炼。这就是从1919年的申克诉美国案(Schenck v. United States)[2] 到1969年的布兰登伯格诉俄亥俄案(Brandenburg v. Ohio)[3] 这条美国表达自由的"主线"。[4]

这条"主线"的起点是美国表达自由"第一案"——申克案。国内读者对申克案可能已不陌生。《权利法案》虽然早在1791年就获得批准,但1919年申克案才是美国最高法院首次就第一修正案的表达自由问题做出判决。在全体一致的法庭意见中,霍姆斯提出了我们今天耳熟能详的"明显而现实的危险"(a clear and present danger)标准:只要行为或言论可能带来明显而现实的危险,国会就有权对其施以惩罚和限制。而由于申克的行为可能带来"明显而现实的危险",最高法院维持了对他的定罪。

与申克案放在一起讨论的,通常是1919年判决的另

---

[1] Jack Balkin & Sanford Levinson (eds.), *Legal Canons*, New York University Press, at 410-411 (2000).
[2] 249 U.S. 47 (1919).
[3] 395 U.S. 444 (1969).
[4] Lee C. Bollinger & Geoffrey Stone, "Epilogue", in Lee C. Bollinger and Geoffrey Stone (eds.), *Eternally Vigilant: Free Speech in the Modern Era*, The University of Chicago Press, at 311-317 (2002).

外三个表达自由案件：弗洛沃克诉美国案（Frohwerk v. United States）①，德布斯诉美国案（Debs v. United States）② 以及阿布拉姆斯诉美国案（Abrams v. United States）③。这三个案件拥有与申克案几乎相同的背景。同样与申克案一致的是，最高法院在这三份判决中都认为被告的煽动颠覆言论可能带来"明显而现实的危险"，所以认为对他们的惩罚不侵犯表达自由。

值得注意的是，虽然与另外三个案子结果相同，但阿布拉姆斯案的法庭意见却从全体一致的9∶0变为7∶2。尽管本案多数意见仍建立在"明显而现实的危险"这一标准之上，但这一标准曾经的发明者霍姆斯却和布兰代斯变成了持异议的少数派。著名的"思想市场理论"（marketplace of ideas），正是霍姆斯在本案异议中提出的。④ 在霍姆斯看来，表达自由的正当性

---

① 249 U. S. 204 (1919).
② 249 U. S. 211 (1919).
③ 250 U. S. 616 (1919).
④ 此外，值得注意的还有阿布拉姆斯案的判决时间。上述四个案件虽然都在1919年判决，但前三个案件却是在上半年做出，而阿布拉姆斯案判决则迟至下半年的11月才下达。众所周知，美国最高法院的一个开庭期通常会在夏天开始前结束，在经历了一个漫长的"暑假"之后，大法官们才会回到华盛顿开始一个新的开庭期。因此，阿布拉姆斯案和另外三个案件其实分属两个不同的开庭期。因此，很多第一修正案学者、法律史学者以及霍姆斯研究者都会把目光投向1919年的那个夏天。他们试图探究那个夏天究竟发生了什么，促使霍姆斯的思想发生了如此巨大的转变。相当一部分美国学者倾向于认为霍姆斯的这种"转变"是因为那个夏天他与汉德法官、查菲和拉斯基等"表达自由之友"的频繁交流和接触。对此更详细的讨论，可参见 David Rabban, "The Emergence of Modern First Amendment Doctrine", 50 *U. Chi. L. Rev.* 1205, 1303–1320 (1983).

在于它可以帮助人们最终找到"真理"（truth）——"思想的自由交流更有助于人们通向他们所期望的终极的善。检验真理的最佳标准是看某一思想是否具有足够的力量在市场竞争中被接受。"简单来说，思想市场理论认为表达自由就是创造一个所有观点可以自由交锋和竞争的"自由市场"（laissez-faire）。

在1925年的吉特洛诉纽约案（Gitlow v. New York）[①]和1927年的惠特尼诉加州案（Whitney v. California）[②]中，最高法院仍旧选择站在表达自由的"对立面"。霍姆斯和布兰代斯再次拒绝加入多数派而另起炉灶。惠特尼案中布兰代斯的附议诞生了美国另一重要的表达自由理论——自治（self-government）理论——的雏形。布兰代斯的附议建立在"公民德行"（civic virtues）和"公民勇气"（civic courage）等共和主义色彩浓厚的概念上。[③] 在他看来，"公共讨论是一种政治责任（duty）"，而表达自由的目的是"使人民自由发展他们的才能（faculties）"。在布兰代斯的基础上，著名哲学家和教育家亚历山大·米克尔约翰（Alexander Meiklejohn）进一步完善和发展了这一理论。[④] 米克尔约翰继承了布兰代斯对美国政体的关注，他进一步指出美国共和政体的核心是自治，而自治

[①] 268 U. S. 652（1925）.
[②] 274 U. S. 357（1927）.
[③] 274 U. S. 357（1927），at 375-376.
[④] 见 Alexander Meiklejohn, *Free Speech and Its Relation to Self-Government*, Harper Brothers Publishers（1948）. Alexander Meiklejohn,"The First Amendment Is an Absolute", *Sup. Ct. Rev.* 245（1961）.

的关键是投票。因此，表达自由的价值就在于帮助选民获取各方信息，从而能够明智地投票。表达自由就是要保护一切能够帮助公民"更好地投票"（to better vote）的表达和行为。① 不难看出，帮助公民"更好地投票"其实就是布兰代斯"使人民自由发展他们的才能"的进一步细化和升级。

沿着这条"主线"继续向前，则是1951年的丹尼斯诉美国案（Dennis v. United States）[②]。本案中丹尼斯因触犯《史密斯法案》（*The Smith Act*）中"不得教唆或鼓吹推翻美国政府"的规定而被起诉。最高法院多数法官再一次认为，《史密斯法案》对丹尼斯的定罪并不侵犯其第一修正案权利。

最终，我们来到了"主线"的终点——1969年的布兰登伯格案。本案的焦点是俄亥俄州的《工团主义犯罪法》，该法禁止"以犯罪、破坏、暴力及其他恐怖主义非法手段来实现产业或政治改革"。在本案中，最高法院重新打造了一个远比"明显而现实的危险"宽松得多的标准。根据布兰登伯格案所确立的新标准，言论或行为只有在同时具有下述两个要件时，才可以受到限制：（1）其必须"直接针对煽动或制造即刻的非法行为"；（2）其试图"煽动或制造的行为必

---

① 〔美〕亚历山大·米克尔约翰：《表达自由的法律限度》，侯建译，贵州人民出版社，2003，第18页。本书为《表达自由及其与自治的关系》的中译本，出版时对原书名有所改动。

② 341 U.S.494（1951）.

须很有可能发生"。这一新标准使得对煽动颠覆言论定罪几乎变成了一项"不可能完成的任务"。

从申克到布兰登伯格，历经50年，"街角发言者"终于受到了第一修正案的保护。

4.2.2 "街角发言者"的影响力：作为思考模式与历史叙事

"街角发言者"范式的影响力主要体现在两点：一方面，"街角发言者"是一种思考模式和分析框架，它塑造了人们如何思考和想象表达自由的问题；另一方面，"街角发言者"也是一种历史叙事，它确立了美国表达自由最基本的讲法。

作为一种思考模式，就像"道生一，一生二，二生三，三生万物"一样，"街角发言者"就像母体（matrix），一切变化和衍生都从它而来。现实中具体的表达权争议当然远比"申克们"的言论要复杂多样。但"街角发言者"的高明之处就在于它是"极简"的——它只要稍加变形或改造就基本可以适用于新的问题和领域。比如在处理类似色情淫秽、仇恨言论乃至像焚烧征兵卡或烧国旗等问题时，虽然此类表达的内容或类型已经远远超出了典型的政治言论的范围，但只要我们将"街角发言者"范式中的场景设定稍加改动，将其变为"一个人站在街角肥皂箱上分发色情杂志/辱骂少数族裔/焚烧征兵卡或国旗"后，原有的思考模式仍可被大致沿用。同样，就像第三章已经分析过的，假如发言的主体是纽约时报或华盛顿邮报等大众媒体，我们可以完全保留这些媒体言论的内容，只要将这些媒体"转化"成一个"虚拟的"个体发言者即可。

在某种程度上，"街角发言者"甚至可以"吸纳"美国最主要的三种表达自由理论：思想市场理论、自治理论和自主（autonomy）理论。[1] 前两种理论已有介绍，此处不再赘述。与思想市场理论和自治理论相比，诞生于20世纪60年代前后的自主理论出现得相对较晚。自主理论认为表达自由之所以值得保护，是因为其关乎人作为自主主体的自我满足、自我实现和自我完善。[2]

这三种理论虽然各有分歧，但基本都是建立在"街角发言者"范式之上。这三大理论之间的"异"，可以视作在共同基础（"街角发言者"）上各自侧重点的不同。具体而言，思想市场理论更加关注如何才能使不同的"街角发言者"之间形成自由公平的竞争，并让最有价值的言论最终胜出。因此，思想市场理论的侧重点是如何搭建一个竞技场，而不是参赛的运动员。与之相反，自治理论和自主理论关注的重点则是运动员——街角发言者。二者间的分歧在于，前者更看重如何让发言者

---

[1] 〔美〕罗伯特·波斯特：《民主、专业知识与学术自由：现代国家的第一修正案理论》，左亦鲁译，中国政法大学出版社，2014，第11页。

[2] See. Martin Redish, "Value of Free Speech", 130 *U. Pa. L. Rev* 591, 591 - 645 (1982). David Strauss, "Persuasion, Autonomy, and Freedom of Expression", 91 *Colum. L. Rev.* 334, 334 - 371 (1991). C. Edwin Baker, *Human Liberty and Freedom of Speech*, Oxford University Press, 1992.

"更好地投票",而后者则聚焦于发言者的自我实现和完善。但无论如何,"街角发言者"都像是这三大理论间的"最大公约数"。

另一方面,"街角发言者"范式还建立了美国表达自由的基本叙事。就像《创世记》之于《圣经》,"街角发言者"范式和"申克—布兰登伯格"这条主线不仅仅是美国表达自由最"早"的历史,更是最核心和重要的一段历史。

这首先体现在,美国绝大多数第一修正案的案例教科书(casebook)都把"申克—布兰登伯格"这条主线作为学习第一修正案的起点和基础。法学院的课程设置、教材编写和授课方式对作为一门科学和职业的法律的影响不言而喻。而案例教科书又在美国绝大多数法学院的课程教学中占据核心位置。这也是为什么巴尔金和列文森在《法律正典》一书中格外强调教育经典(pedagogy canon)的原因。[1]

以美国最主流的几本教科书为例。杰拉德·冈瑟(Gerald Gunther)和凯瑟琳·萨利文(Kathleen Sullivan)编纂的《第一修正案》[2]被称为"美国法学院最普遍使

---

[1] Jack Balkin & Sanford Levinson (eds.), *Legal Canons*, New York University Press, at 5-8 (2000).
[2] Kathleen Sullivan & Gerald Gunther (eds.), *First Amendment Law* (Fourth edition), Foundation Press, 2010. 该书最新版目前是2010年6月出版的第4版。

用的教科书"[1]。在第一章第一节"概述"之后,该书对第一修正案问题的实质性讨论正是从申克—布兰登伯格这条主线开始的。而在另一本由杰弗里·斯通(Geoffrey Stone)、桑斯坦和图什内特等几位最顶尖的第一修正案学者所编的教材中,[2] 拿掉开头第一章导论式的介绍,该书实质上的第一部分"基于内容的限制:危险的观点和信息"同样是基于"申克—布兰登伯格"这条主线。又如,在尤金·沃洛克所编的《第一修正案与相关立法》中,[3] 沃洛克先从布兰登伯格案开始,即先告诉学生现状(status quo)是怎样的。然后他再以倒推的方式,一步步呈现法律是如何发展到今天的。而他倒叙的终点,还是1919年的申克案。换句话说,沃洛克只是把"申克—布兰登伯格"这条主线倒着讲了一遍。

不难想象,当美国法学院学生学习第一修正案时,他们最先接触的就是由"申克—布兰登伯格"这条主线所确立的"街角发言者"范式。一代又一代美国法律人

---

[1] Jack Balkin & Sanford Levinson (eds.), *Legal Canons*, New York University Press, at 411 (2000).

[2] Geoffrey Stone, Louis Seidman, Cass Sunstein, Mark Tushnet and Pamela Karlan (eds.), The First Amendment (Fourth Edition), Aspen Publishers, 2012. 该书最新版是2012年1月出版的第4版。

[3] Eugene Volokh (ed.), *The First Amendment and Related Statutes*, *Problems, Cases and Policy Arguments* (Fifth Edition), Foundation Press, 2013. 最新版目前为2013年12月出版的第5版。之所以专门选取这本教科书,一是由于沃洛克的政治立场。之前两本教材的编者均为自由派学者,而沃洛克本人的政治倾向则偏保守。二是从年龄上看,出生于1968年的沃洛克要比另外两本教材的编者年轻一代甚至两代。由他所编的教材,在某种程度上可以代表目前40~50岁上下这批学者的关注和侧重点。

正是被这样教育和塑造出来的。这不仅仅事关知识传授，更重要的是这奠定了包括法律、法官、学者乃至政治家在内的整个法律共同体思考表达自由的基本模式。

同时，对"外行"和普通民众而言，"街角发言者"更是他们最喜闻乐见的一种"故事"版本。在这个"故事"中，黑白分明，大多数时候"好人"和"坏人"一目了然（虽然把布兰登伯格案中的3K党归为"好人"会让很多人心里不是滋味）。更重要的是，虽然在故事中自由表达者在绝大多数时间里并不是胜利的一方。当时的胜利者或法庭的多数意见现在看来可能也不是站在正义一边。但"道路是曲折的，前途是光明的"永远是故事的基调。而且像绝大多数好莱坞"主旋律"电影一样，胜利和救赎可能要等到最后一分钟才会到来。在这种意义上，街角发言者"走向布兰登伯格之路"是一个典型的关于"宪法救赎"（constitutional redemption）的叙事。[①] 正是因为有这种叙事的存在，美国人才能在面对暂时甚至是长久的不公时，仍旧对他们的国家和宪法保持信仰。

4.2.3 "街角发言者"范式的三大特点

在"街角发言者"范式下，传统上有关表达自由的思考具有以下三大特点。

[①] Jack Balkin, *Constitutional Redemption: Political Faith in an Unjust World*, Harvard University Press, at 1-16 (2011).

第一，政治言论居于表达自由思考的核心。本书第二章对此已有所讨论。这是"街角发言者"范式最基本的情境设定，同时也是"申克—布兰登伯格""故事"的核心。在美国，表达自由首先和主要被视作一项政治权利，长期以来，这一点几乎已经深入人心到成为美国社会人们思考表达自由的"直觉"和"本能"。

这种以政治言论为中心的倾向又被美国主要的表达自由理论进一步强化。如罗伯特·波斯特（Robert Post）所言，表达自由理论的主要意义在于阐明保护表达自由所意图实现或服务的目的（purpose）。① 思想市场理论和自治理论都将表达自由的正当性建立在某种政治目的或价值上。借用反垄断法上"相关市场"的概念，霍姆斯所想象的"自由市场"，首先是一个不同政治观点和言论可以充分竞争的"政治市场"。自治理论对政治言论的偏爱则更为明显。美国的自治理论家们基本围绕着"自治"、"选举"和"公共对话"等概念来建构其理论。以服务于这些高度政治性的活动和美国政体来建立表达自由的正当性（比如"更好地投票"），政治言论当然会成为美国的自治理论家们关切的核心。而像罗伯特·鲍克（Robert Bork）这样"极端"的自治理论家，甚至会将非政治言论排除在言论自由的保护之外。②

---

① 〔美〕罗伯特·波斯特：《民主、专业知识与学术自由：现代国家的第一修正案理论》，左亦鲁译，中国政法大学出版社，2014，第9页。
② Robert Bork, "Neutral Principles and Some First Amendment Problems", 47 *Ind. L. J.* 1, 29 (1971).

第二,"媒介"这一因素没有进入表达自由的思考之中。"街角发言者"范式想象发言者在"街角"发言。在现实中,"街角"虽然也是一种媒介和平台——在街角发表演说,自然与在私人住宅、百货商场和大众媒体上不同;但传统表达自由并没有把"媒介"这一因素纳入表达自由的思考之中。

在表达自由的传统模式中,"街角"被处理成一种类似"真空"的环境。"街角发言者"变成了一种没有媒介存在的表达自由模式。在这一模式下,表达自由主要关注谁(言论的主体)和说了什么(言论的内容)。除此之外,发言者在什么样的媒介上发表言论,这一媒介具有什么样的属性和架构,这些属性和架构会对言论和发言者造成怎样的影响,这些问题并没有进入考量范围。

正如上一章分析过的,"街角发言者"范式对"媒介"的否定在涉及大众媒体时尤为突出。具体而言,在纽约时报和华盛顿邮报上发表的言论,和在街角和广场发表的言论是否应适用同样的第一修正案原则?正如我们在纽约时报诉萨利文案[1]和五角大楼文件案[2]中所看到的,传统模式的做法是首先把纽约时报和华盛顿邮报想象成一个特殊的"街角发言者",然后再去讨论这位虚拟的"发言者"所发表的言论是否受到保护。换言之,最高法院仍旧是把纽约时报和华盛顿邮报"转化"成一个

---

[1] New York Times Co. v. Sullivan, 376 U.S. 254 (1964).
[2] New York Times v. United States; United States v. Washington Post, 403 U.S. 713 (1971).

特殊的"街角发言者"——而不是将其当作媒体或媒介——来处理的。直到广播的出现,最高法院才第一次把"媒介"这一因素纳入表达自由的思考之中。① 但这种针对广播的规制模式一直以特例的形式出现,并没有彻底撼动"街角发言者"范式对整个表达自由思考的统治。

第三,传统表达自由建立在"政府 vs. 个人"的二元关系之上。在"申克—布兰登伯格"的叙事中,个人总是扮演着"好人"或英雄的角色——无论是申克、德布斯还是丹尼斯,他们总被刻画成挑战巨人歌利亚的大卫;② 而故事中的"坏人"永远都由政府扮演。这种思维模式和"角色划分"背后当然有着更为深厚的政治和哲学传统。在这种传统下,表达自由更多地被理解为一种不受干预的消极权利。③ 对表达自由来说最完美的政府,就是一个管得最少甚至什么都不管的政府。最高法院大法官布莱克曾经用最简洁的语言阐述了他对表达自由的理解。④ 在他看来,既然第一修正案的文字清楚地表明"国会不得制定关于下列事项的法律……"那么人们就应该一字一句、完整无误地理解和执行,而这些国会不得制定的法律中就包括剥夺表达自由权的法律。

---

① 对此更详细的分析,见本书第三章。
② See Frederick Schauer, *The Heroes of the First Amendment*, 101 Mich. L. Rev. 2118, 2118-2133 (2003).
③ 关于积极自由与消极自由,请参见〔英〕以赛亚·伯林《自由论》,胡传胜译,译林出版社,2003。
④ Hugo Black, "The Bill of Rights", 35 *N. Y. U. L. Rev.* 865 (1960).

4.3 网络时代的表达权：告别"街角发言者"

进入网络时代，"街角发言者"在各个方面都开始受到挑战。虽不能说表达自由在网络时代的发展已经定型（可能永远也不会定型），但至少我们已经可以看出某种比较清晰的趋势。在这一趋势下，互联网对"街角发言者"的突破正是针对传统模式的上述三大特点展开。（1）发言者从"街角"转向互联网，互联网作为言论媒介的影响日益凸显；（2）以政治言论为中心的思考模式开始动摇；（3）"个人 vs. 政府"二元关系逐渐转为"个人—企业—政府"的三角关系。

4.3.1 从"街角"到互联网：表达自由的"基础设施"

发言者已经从"街角"转移到互联网，作为媒介的互联网对表达自由的影响日益凸显。表达自由事关人们如何交流和表达。互联网恰恰改变的是人们交流和表达的基础。虽同为大众媒体，但互联网却不同于报纸、广播、电视和电影：互联网不是诸多媒体或平台中的一种，它早已成为一切的平台和基础。"街角发言者"对表达自由的想象已经过时。在街角发表演说早已不是人们表达和交流的首选。对于"生而数码"（born digital）①和"生而网络"的年轻一代来说，"肥皂箱"和"传单"简直像是原始时代的老古董。"街角发言者"早已离开街角，变成拿着笔记本电脑、iPad 或智能手机上网的网民了。

互联网因此被称为表达权的"基础设施"（infrastructure）。② 如同战争中任何一方都想要控制或破坏交通和水电等基础设施一样，控制了言论"基础设施"的人，也就掌握了表达权的关键。在数字时代，决定表达权命运的战场已经转移。以法院判决为代表的传统法律手段对表达权的影响越来越小；真正能够决定表达权未来的，是技术设计、立法与行政规制、新的商业模式以及终端用户的集体行为。③ 换言之，在网络时代，左右表达权命运的，将会是那些针对"基础设施"的手段。

这正印证了欧文·费斯 20 年前的观察。在 20 年前的耶鲁会议中，费斯之所以强调表达自由在网络时代的美国需要一个"新范式"，正是因为表达自由的"基础设施"——也就是费斯所说的表达自由的"基础"——发生了改变。当广播电视 20 世纪 60 年代末在

---

① John Palfrey and Urs Gasser, *Born Digital: Understanding the First Generation of Digital Natives*, Basic Books（2008）.
② Jack Balkin, "The First Amendment Is an Information Policy", 41 *Hofstra L. Rev.* 1（2013）.
③ Jack Balkin, "The Future of Free Expression in a Digital Age", 36 *Pepp. L. Rev.* 427（2009）.

美国普及后，费斯就曾呼吁"必须从街角转向CBS"。①而面对互联网的兴起，费斯再一次极力号召人们"从CBS转向互联网"。②

从广义上看，"基础设施"包括域名系统、互联网通信协议、虚拟主机服务、云服务、主干网、宽带网络、搜索引擎、社交平台以及支付平台等。③借用尤查·本克勒（Yochai Benkler）和莱斯格的互联网"分层理论"，"基础设施"可被视为同时包括物理层、代码层和内容层。这意味着"基础设施"包括：（1）包含了电脑和线路等硬件在内的物理层；（2）维持和控制硬件运转的软件和协议的代码层；（3）包含了广大网民最常接触到的文字、图片、音频和视频在内的内容层。④

作为"基础设施"，互联网最大的特点是其技术上的高度可塑性和可控性。对此最经典的表述，莫过于莱斯格那句"代码即法律"。⑤这几乎成了网络法研究中的头号名言警句。莱斯格将互联网的独特属性概括为"可规

---

① Owen Fiss, "Free Speech and Social Structure", in Owen Fiss, *Liberalism Divided: Freedom of Speech and the Many Uses of State Power*, Westview Press, at 13-17 (1996).
② Owen Fiss, "In Search of a New Paradigm", 104 *Yale L. J.* 1613, 1614-1615 (1995).
③ Jack Balkin, "Old School/New School Speech Regulation", 127 *Harv. L. Rev.* 2296, 2297 (2014).
④ 〔美〕劳伦斯·莱斯格：《思想的未来》，李旭译，中信出版社，2004，第23~24页。
⑤ 〔美〕劳伦斯·莱斯格：《代码：塑造网络空间的法律》，李旭译，中信出版社，2004，第7页。

制性"(regularbility)。[1] 可规制性意味着整个互联网的架构是开放和未定型的，它可以轻易地被规制和塑造。如果说法律是规制真实世界最有效的工具之一，那么规制网络空间最有力的武器则是代码。[2] 比如在面对打击盗版这一难题时，美国很多大学所采取的封掉电驴、迅雷等软件所依赖的P2P端口的办法（"通过代码的规制"），可能要比单纯依靠版权立法（"通过法律的规制"）更为有效。具体到表达权，通过代码直接对互联网进行规制，同样要比政府审查等传统手段有效得多。这正好呼应了之前的观点。在网络时代，决定表达自由未来的将是那些针对言论"基础设施"的规制。与传统手段相比，这种"釜底抽薪"式的规制更为精巧和有效，同时也更隐蔽和复杂。

新时代美国围绕表达权的"战争"可能会在一个全新的战场，以一种全新的形态出现。下述围绕着网络中立原则和网络过滤的争论，正是这一趋势最好的体现。

A. 网络中立

网络中立（Net Neutrality）或可算是目前美国第一修正案领域最激烈的争论之一。这场斗争之所以关键，是因为在网络时代，此类针对"基础设施"的、看似与言论内容无关的技术措施或手段，完全有可能比传统"基

---

[1] 〔美〕劳伦斯·莱斯格：《代码：塑造网络空间的法律》，李旭译，中信出版社，2004，第3~79页。

[2] Lawrence Lessig, "The Law of Horse: What Cyberlaw Might Teach", 113 *Harv. L. Rev.* 501, 509-510 (1999).

于内容"的审查给言论带来更大的损害。

网络中立原则是一种网络设计原则：它要求公共信息网络应对一切内容、站点和平台保持平等中立。① 就像电视、冰箱和洗衣机等各式各样的电子产品可以随意接通电网，信息网络应该同样中立、不加歧视地提供接入服务。②

何为不中立的网络？常见的做法是控制着网络基础设施的公司，故意减慢甚至屏蔽用户对某些网站、内容或服务的访问。在美国，提供宽带服务的Comcast就曾经减慢和屏蔽其用户对在线视频网站Netflix的访问。③ 而这一事件的最终解决，竟然是由"受害者"Netflix向Comcast支付一笔费用了事。④ 不难看出，那些掌握基础设施的公司，其权力和影响力已经大到"要想过此路，留下买路财"的地步。

如果说Comcast对Netflix的屏蔽尚显简单粗暴，我们不妨想象一种更加"高明"但也更"阴险"的情况。

---

① Tim Wu, "Network Neutrality FAQ", http://www.timwu.org/network_neutrality.html, last visited on April 15th, 2019.
② Tim Wu, "Network Neutrality FAQ", http://www.timwu.org/network_neutrality.html, last visited on April 15th, 2019.
③ The Consumerist, "Netflix Agrees To Pay Comcast To End Slowdown", http://consumerist.com/2014/02/23/netflix-agrees-to-pay-comcast-to-end-slowdown/, last visited on April 15th, 2019.
④ The Washington Post, "Netflix Strikes Deal to Pay Comcast to Ensure Online Videos Are Streamed Smoothly", http://www.washingtonpost.com/business/technology/netflix-strikes-deal-to-pay-comcast-to-ensure-online-videos-are-streamed-smoothly/2014/02/23/0e498d18-9cc2-11e3-975d-107dfef7b668_story.html, last visited on April 15th, 2019.

超越"街角发言者"

我们假设甲公司是一家宽带服务提供商,而 A 公司和 B 公司是存在竞争关系的在线视频网站。假如甲公司和 A 公司达成一项协议,使得所有通过甲公司上网的用户在 A 网站观看高清电影时,都比在 B 网站上要稍微快一点(或者把 B 网站视频缓冲速度变得稍微慢一点)。理论上,只要"手脚"做得足够巧妙,绝大多数用户只会明显感觉到 B 网站似乎比 A 网站慢,但这种差别又没有达到足以使他们怀疑是甲公司在背后搞鬼的地步。久而久之,绝大多数用户便会慢慢放弃 B 网站转向 A 网站,而且这种选择看起来还是完全"自由"和"自愿"的。类似的"伎俩"可用于各种竞争对手之间。比如同为搜索引擎的 Google 和 Bing,同做社交的 Facebook 和 Google+,抑或在移动端存在激烈竞争的苹果地图和 Google 地图等,只要其中一方与控制着基础设施的网络服务商达成某种协议和默契,广大网民就很有可能陷入"圈套"并毫不自知。

不中立的网络还有一种更可怕的前景。目前已知的违反网络中立的行为,至少看起来还是"内容中立"的。Comcast 屏蔽或干扰用户对 Netflix 的访问仍主要是出于商业和技术考量,而非夹杂政治或其他因素。但是否会有那么一天,Comcast 会因为自己或广告商不喜欢共和党的言论,而去干扰用户访问 Fox 或其他亲共和党的网站?换言之,在网络时代,"基于内容"的审查是否有可能披着技术和中立的外衣蒙混过关?

正是为了应对上述风险,FCC 于 2010 年出台了

《2010年开放互联网的规定》以推动网络中立。[1] 这是美国第一次就网络中立原则立法。该规定将网络中立原则具体细化为三大要求：（1）透明；（2）反对屏蔽；（3）反对不合理歧视。毫不意外，以 Comcast 和 Verizon 为代表的、掌控着言论"基础设施"的大鳄第一时间向该法发起了进攻。华盛顿特区巡回法院于2014年1月14日对 Verizon 诉联邦通讯委员会案[2]做出判决。这是联邦法院首次就网络中立原则的合宪性做出回答。非常遗憾，除了"透明"这项要求，特区巡回法院推翻了"反对屏蔽"和"反对不合理歧视"这两项网络中立的核心原则。法庭意见认为，联邦通讯委员会无权对 Verizon 这样的宽带服务商施加类似网络中立这样的要求。因为根据《1934年电信法》，只有"公共承运人"（the common carriers）才能被施加这种要求，而法庭认为 Verizon 不属于传统意义上的"公共承运人"。

推动网络中立的第一次立法尝试就这样归于失败。面对失败，联邦通讯委员会选择放弃上诉。他们转而根据法院判决，对原有条文进行修改和限缩，准备卷土重来。2015年4月，联邦通讯委员会出台了新的《开放互联网规定》。这一次，平台被定义为"公共承运人"而非"信息服务提供商"。但"一朝天子一朝臣"，特朗普当选总统后，被他任命为联邦通讯委员会主席的阿基

---

[1] https://apps.fcc.gov/edocs_ public/attachmatch/FCC-10-201A1_ Rcd.pdf, last visited on April 15th, 2019.
[2] Verizon v. FCC, 740 F.3d 623（D.C.Cir.2014）.

特·帕伊（Ajit Pai）在2017年12月14日宣布推翻有关网络中立的规定，但支持规制的一方显然也不会善罢甘休，围绕着言论"基础设施"的战斗已进入新的阶段。

B. 过滤

在网络中立之外，另一场围绕着表达自由"基础设施"展开的斗争则与网络过滤有关。与前途未卜的网络中立相比，网络过滤的未来看起来倒是一片光明。

之所以说过滤"前途光明"，很大程度上是由于经美国最高法院认可，"走向过滤"似乎已经成为美国网络规制未来的方向。第三章已经有过梳理，这条"走向过滤之路"可追溯到20年前颁布的《1996年传播风化法》（*Communication Decency Act of 1996*，以下简称CDA）。这是美国国会规制互联网的第一次尝试。该法意在打击互联网上大量充斥的"低俗"（indecent）内容，而国会所采取的手段，仍旧是以传统的"分区"（zoning）和审查为主。但在1997年的雷诺诉美国公民自由联盟案[1]中，最高法院明确宣告"老一套"在网络时代行不通，国会必须另寻出路。

在接下来的几年里，国会和最高法院几番较量，最终在2001年的美国诉美国图书馆联合会（United States v. American Library Association）案[2]中，国会规制互联网的努力得到了法院认可。最高法院之所以放行，正是因

---

[1] Reno v. ACLU, 521 U.S. 844 (1997).
[2] 539 U.S. 194 (2003).

为国会在制定《儿童因特网保护法》（CIPA）时采取了依靠过滤软件来实现间接规制的方法。在最高法院看来，以过滤软件为代表的间接规制手段因"对言论的限制更少"而更值得提倡。

在美国，偏爱过滤的并非只有最高法院。由于最常见的过滤多为通过用户安装在自己终端上的软件实现，因此大家往往不自觉地在过滤与"选择"间画了等号。[1]在很多人看来，过滤软件就意味着个人自主和自由选择。与臭名昭著的审查相比，基于自主选择的过滤方式当然显得十分"无害"。

可事实果真如此吗？过滤其实远比我们想象的要复杂和危险得多。过滤软件一般由三个主要部分构成：整理、选择和屏蔽。[2]若想实现过滤，任何一个系统或软件必须首先具备对海量信息进行整理和选择的能力。换言之，过滤真正的关键或"猫腻"其实并不在最后的屏蔽，而是在之前对信息的整理和选择上。后者才真正决定了哪些内容会被过滤。像PICS这样的过滤软件或机制，其整理和选择功能通常都由一个类似电影分级的"分级制度"（Rating System）来完成。[3]当前主流的过滤软件多

---

[1] Jack Balkin, "Media Filters, The V-Chip and the Foundations of Broadcast Regulation", 45 *Duke L. J.* 1133, 1145 (1996).
[2] Jack Balkin, "Media Filters, The V-Chip and the Foundations of Broadcast Regulation", 45 *Duke L. J.* 1133, 1141-1143 (1996).
[3] Jack Balkin, Beth Simone Noveck and Kermit Roosevelt, "Filtering the Internet: A Best Practices Model", in Jens Waltermann and Marcel Machill (eds.), *Protecting Our Children on the Internet: Towards a New Culture of Responsibility*, Bertelsmann Foundation Publisher, at 17-26 (2000).

出自私人公司或像 World Wide Web Consortium（W3C）这样的非政府机构。这些机构究竟如何制定内容分级制度和标准，普通用户往往难以知晓或理解。不少人对于过滤软件"自由"和"自主"的"幻觉"，很多时候不过是表达权的控制者从政府变为非政府机构或组织而已。

莱斯格就曾提出这样一个问题：对表达自由而言，审查和过滤哪个更加危险？在他看来，传统的审查虽然粗暴，但毕竟直接可见。发言者可能对自己的言论被审查这一事实无能为力，但他起码知道自己被审查了。[①] 但人们的言论和信息完全有可能在他们毫不知情时就被"过滤"掉了。[②] 换言之，他们可能连愤怒的机会都没有，因为他们的表达自由是被"不知不觉"剥夺的。很多普通网民现在已经可以理解，如果搜索引擎在呈现搜索结果时略微对呈现结果或顺序进行调整（而不是以屏蔽整个敏感词的方式），则普通用户往往极易被其左右但又难以察觉。同样，发生在"基础设施"层面尤其是代码层和物理层的过滤（比如在 DNS 或 IP 层面），普通用户几乎不可能感知得到。与网络中立一样，过滤软件的可怕之处就在于它真正的"猫腻"都在"基础设施"层面展开，它以一种"静悄悄"的方式影响（甚至剥夺）着表达自由。

巴尔金曾经发出过网络时代"过滤为王"（Filter is

[①] 〔美〕劳伦斯·莱斯格：《代码：塑造网络空间的法律》，李旭译，中信出版社，2004，第 219~222 页。
[②] Jack Balkin, "Old School/New School Speech Regulation", 127 *Harv. L. Rev.* 2296, 2318 (2014).

King) 的呼声。[1] 在他看来，控制了过滤机制的人，也就掌握了控制互联网的王器。我们不妨将这句口号改为"基础设施为王"，这亦是今天表达自由命运的真实写照。在网络时代，谁控制了表达自由的"基础设施"，谁就控制了表达自由的未来。

4.3.2 对政治言论的扩展和超越：一种更"民主"的表达自由

互联网时代开始突破以政治言论为中心的传统保护模式，这为美国社会思考表达自由提供了一种新的可能性。这种可能性是指：是否可以不以某种政治价值为基础，而基于某种非政治或超政治的价值来建构表达自由的正当性？

如前所述，与其他类型的言论相比，政治言论一直处于美国"街角发言者"范式的核心，享受"特殊待遇"。有中心自然就会有外围和边缘。在这种倾向之下，非政治言论长期以来处于一个边缘的位置。像罗伯特·鲍克那样，主张除了"明显而突出的政治言论"外，其他言论都不应受到保护固然属于极端。[2] 但在美国社会，非政治言论的确在大多时候处于"二等公民"的地位：非政治言论要想受到保护，它们必须具有某些政治价值和功能，

---

[1] Jack Balkin, *Media Filters*, "The V~Chip and the Foundations of Broadcast Regulation", 45 *Duke L. J.* 1133, 1145 (1996).

[2] Robert Bork, "Neutral Principles and Some First Amendment Problems", 47 *Ind. L. J.* 1, 26 (1971).

或者能为政治讨论做出贡献。[①] 换言之，非政治言论只有通过和依附于政治言论，才能获得某些间接保护。

最典型的例子莫过于表达自由的自治理论。米克尔约翰在1948年出版《表达自由与自治的关系》后，就曾因完全忽视了包括文学和艺术在内的非政治表达，而受到哈佛法学院第一修正案学者泽卡利亚·查菲（Zechariah Chafee）的强烈批评。[②] 当米克尔约翰于1960年发表《表达自由是绝对的》[③] 一文时，我们已经可以看到他对自己原有理论的修正：教育、哲学与科学、文学与艺术以及对公共议题的讨论等四类非政治言论第一次被纳入了表达自由的保护范围。[④]

米克尔约翰此处的逻辑颇具代表性：虽然四类非政治言论最终被纳入了表达自由保护，但这却并非出于它们自身的价值和意义；相反，这些非政治言论之所以得到保护，是因为它们能帮助选民获得"必要的知识、信息和对人类价值的认识"。[⑤] 换言之，他认为这四类言论获得保护的原因是它们能够间接地服务于帮助选民"更好地投票"这一政治目标。这种对非政治言论的"歧

[①] Jed Rubenfeld, "The Freedom of Imagination: Copyright's Constitutionality", 112 *Yale L. J.* 1, 30-35 (2002).

[②] Zechariah Chafee, "Book Review", 62 *Harv. L. Rev.* 891, 899-900 (1949).

[③] Alexander Meiklejohn, "The First Amendment Is an Absolute", 1961 *Sup Ct. Rev.* 245, 245-266 (1961).

[④] Alexander Meiklejohn, "The First Amendment Is an Absolute", 1961 *Sup Ct. Rev.* 245, 257 (1961).

[⑤] Alexander Meiklejohn, "The First Amendment Is an Absolute", 1961 *Sup Ct. Rev.* 245, 256 (1961).

第四章 旧与新：告别"街角发言者"——网络时代的表达权

视"同样出现在自治理论的新一代领军人物桑斯坦那里。在桑斯坦的"双层保护"体系中，政治言论牢牢占据着表达自由保护的第一层，而部分非政治言论只能在第二层享受较弱的保护。①

以政治言论为中心的传统模式的狭隘和不足并非直到网络时代才暴露。从 20 世纪 60 年代末起，也就是"申克—布兰登伯格"主线的末端，美国非政治言论和非典型政治言论对传统模式的挑战已然显现。色情淫秽作品②、低俗内容③、象征性行为④、仇恨言论⑤、国家对艺术的资助⑥等非政治言论（或非典型政治言论）大量出现。这些新型争议不仅开始挑战传统上受保护言论的类型和内容，类似焚烧国旗和十字架等"行为"，更在一定程度上颠覆了对"言论"的传统定义。

如果说上述变化尚算"量"的累计，互联网的出现则第一次带来了质变的可能。网络时代对"街角发言者"

---

① Cass Sunstein, *Democracy and Problems of Free Speech*, Free Press, at 121-165 (1993).
② See Roth v. United States, 354 U.S. 476 (1957); Miller v. California, 413 U.S. 15 (1973).
③ See FCC v. Pacifica Foundation, 438 U.S. 726 (1978); Hustler Magazine v. Falwell, 485 U.S. 46 (1988).
④ See United States v. O'Brien, 391 U.S. 367 (1968); Cohen v. California, 403 U.S. 15 (1971); Texas v. Johnson, 491 U.S. 397 (1989); United States v. Eichman, 496 U.S. 310 (1990).
⑤ See Beauharnais v. Illinois, 343 U.S. 250 (1952); National Socialist Party of America v. Village of Skokie, 432 U.S. 43 (1977); R.A.V. v. City of St. Paul, 505 U.S. 377 (1992); Virginia v. Black, 538 U.S. 343 (2003).
⑥ See National Endowment for the Arts (NEA) v. Finley, 524 U.S. 569 (1998).

范式的突破，并不在于新增加了几类受保护的非政治言论；其价值和意义在于为我们带来了一种超越以政治言论为中心的可能。

这种可能性仍要到表达自由的"基础设施"——互联网——中去寻找。时至今日，早期对互联网种种乌托邦式的幻想虽多已破灭，但很难否认的是，互联网仍是人类所拥有过的最为民主的媒介——互联网使数以亿计的普通公民以他们最喜欢和擅长的方式就他们最关心的话题发出自己的声音。

互联网的"民主性"凸显了表达自由一个长期以来被遮蔽和压抑的维度——文化维度。文化维度一直以来都是表达自由的题中之意，但囿于旧的"基础设施"，这一维度一直处于后台和从属地位。如今新的"基础设施"却使表达自由的这一方面得以彰显。[1] 简言之，互联网和数字技术打破了精英对文化的垄断，让普通人可以前所未有地平等参与文化创造和文化传播。[2]

今天再去强调数码相机、DV、Photoshop 以及视频分享等用户生成内容（User-Generated-Content，UGC）网站在文化"民主化"上的作用已是老生常谈。巴尔金曾将互联网及其他新技术在这方面的贡献总结为绕道而行（routing around）和就地取材（glomming on）。"绕道而

---

[1] Jack Balkin, "Digital Speech and Democratic Culture: A Theory of Freedom of Expression for the Information Society", 79 *N. Y. U. L. Rev.* 1, 1-58 (2004).

[2] Jack Balkin, "Digital Speech and Democratic Culture: A Theory of Freedom of Expression for the Information Society", 79 *N. Y. U. L. Rev.* 1, 3 (2004).

行"意味互联网允许普通公民绕过传统媒体或中介,直接向广大网民发布内容;"就地取材"则是指利用一切传统媒体上的材料,把它们当作砖头或原材料,对它们进行利用、评论、批评,借助它们进行创新和创造。[①]

以胡戈在2005年创作的《一个馒头引发的血案》为例。对胡戈来说,在前网络时代,如果他找不到院线或电视台愿意播放他的作品(我们几乎可以断定他很难找到),那么他的作品只会像家庭录像一样,只能在一个很小的圈子里被同好欣赏和分享。但互联网却使得他可以"绕道而行"——绕过通常扮演守门人或瓶颈角色的传统媒体,通过个人网站或上传到视频分享网站,将他的作品直接发布给数以亿计的观众。另一方面,《一个馒头引发的血案》在"就地取材"方面同样堪称经典。《无极》自不必说,央视社会与法频道的《中国法治报道》同样成了胡戈的原材料。借助这些主流作品或平台的形式和素材,胡戈仿佛"站在巨人的肩膀上",这使得他可以完成自己的戏仿作品。今天充斥于中国互联网上的种种"恶搞",同样是"绕道而行"和"就地取材"的结合。绝大多数权威、经典或正统的观点、文本以及各类艺术作品,都可以成为"恶搞"的原始素材;[②] 而在作品完

[①] Jack Balkin, "Digital Speech and Democratic Culture: A Theory of Freedom of Expression for the Information Society", 79 *N. Y. U. L. Rev.* 1, 9-13 (2004).

[②] See Bingchun Meng, *From Steamed Bun to Grass Mud Horse: E Gao as Alternative Political Discourse on the Chinese Interne*t, Global Media and Communication 7.1 (2011), at 33-51.

成之后，作者又可以"绕道而行"，在网上直接发布给广大网民。

正是在上述基础之上，以巴尔金为代表的学者提出，表达自由在网络时代应该转向一个更为宏大的关切：表达自由的目的应该是提升一种民主文化（a democratic culture）。[①] 巴尔金将"民主文化"定义为："除政治、经济和文化精英外，每一个普通人都有平等的机会去参与创造的文化，以及参与发展那些构建他们自身以及他们所在共同体的理念和意义。"[②] 在他看来，表达自由理论就应该是"技术决定论的"：什么样的"基础设施"，就应该配套什么样的表达自由理论。传统聚焦于政治言论的表达自由理论或许能够适应和服务于印刷时代，[③] 但在网络时代，我们必须与时俱进。

我们没有必要追随巴尔金，把表达自由的正当性建立在某种文化而非政治价值上。超越政治言论，并不是主张"文化"或其他非政治的价值高于"政治"，真正值得我们深思的是巴尔金提出的问题，而不是他给出的答案。

"民主"——而非"文化"——才应是我们在网络

---

① Jack Balkin, "Digital Speech and Democratic Culture: A Theory of Freedom of Expression for the Information Society", 79 *N.Y.U.L.Rev.* 1, 3-6 (2004).

② Jack Balkin, "Digital Speech and Democratic Culture: A Theory of Freedom of Expression for the Information Society", 79 *N.Y.U.L.Rev.* 1, 3 (2004).

③ Jack Balkin, "Digital Speech and Democratic Culture: A Theory of Freedom of Expression for the Information Society", 79 *N.Y.U.L.Rev.* 1, 28-33 (2004).

第四章 旧与新：告别"街角发言者"——网络时代的表达权

时代思考表达自由的关键词。这可能不是"政治 vs. 文化"或"政治价值 vs. 非政治价值"间的分歧；真正的张力是少数与多数，精英与民主。① "民主"的互联网使"沉默的大多数"可以就他们最关心、热衷的话题，以他们擅长或喜爱的方式表达出来。他们会自己设定议程，用自己的方式和语言发出声音。无论从内容还是形式上看，这些言论都极为五花八门、丰富多彩。这其中可能包括严肃的政治讨论，但很多时候也会是轻松、调侃甚至主题并不明确的其他话题。如巴尔金所说，人们"写歌、进行艺术创作、歌唱、八卦、交谈、指责、否认、抱怨、庆祝、热衷、吹牛和戏仿"。② 当千千万万的普通公民每天与"表达自由"这个"大词"发生关系时，他们绝大多数时候只是以自己最喜欢和擅长的方式表达自己的关切。米克尔约翰式或哈贝马斯式正襟危坐的政治讨论并不是表达自由的全部。

以"人肉搜索"为代表的中国互联网言论正是上述趋势的缩影。这其中既有针对政治议题的政治讨论，比如对官员腐败问题的揭露；也有围绕着文化、道德等非政治议题的公共讨论，比如以"人肉搜索第一案"王菲案为代表的一系列有关婚姻与家庭议题的事件；更有类似"贾君鹏，你妈妈喊你回家吃饭"这样看似"无

---

① Jack Balkin, "Populism and Progressivism as Constitutional Categories", 104 *Yale L. J.* 1935, 1943-1950 (1995).
② Jack Balkin, "Digital Speech and Democratic Culture: A Theory of Freedom of Expression for the Information Society", 79 *N. Y. U. L. Rev.* 1, 5 (2004).

厘头"甚至"无意义"的言论和表达。即使是在一些表面看起来高度政治性的"人肉搜索"事件中，政治讨论也并非其全部。比如其中产生的一些网络用语或段子，就已经超越了具体事件，而具有独立的、更深远的文化和社会意义。

总之，互联网和新技术所具有的"民主性"，使得网络时代的言论变成了包罗万象的复杂多面体。在这种形势下，传统视角日益无力解释和理解现实，更遑论指导实践。表达自由如何保护最广大多数——而不是只有少数——最愿意、最经常发表的言论？我们如何从一种"精英的"表达自由走向一种更为"民主"的表达自由？这是网络时代带给我们的挑战和机遇。

4.3.3　从"政府 vs. 个人"二元关系转向"个人—企业—政府"三角关系

在网络时代，表达自由开始从传统的"个人 vs. 政府"二元关系向"个人—企业—政府"三角关系转变。这是对表达自由思考中政府与个人、公与私之间关系的重新定位。而导致这种剧变发生的原动力，仍旧来自言论的"基础设施"——互联网。

如前所述，网络时代表达自由的第一大特点，就是得"基础设施"者得天下。然而言论的"基础设施"又被谁控制？在今天，无论是宽带接入、社交平台、搜索引擎、电子邮件、支付平台以及云存储等，这些"基础设施"绝大多数时候都被私人企业而非政府掌握。[1] 谷歌、AT&T、Comcast、苹果、Facebook 以及 PayPal 这样的商业巨头,它们对互联网的控制和影响力不亚于,甚至大于绝大多数政府机构。这些公司的一个商业决策或技术设计上的改变,对数以亿计的全球网民的影响可能绝不低于政府出台的法律。

巴尔金称这种公私间的新型关系为网络时代言论规制的标志。[2] 个人—企业—政府三方主体间的互动和博弈可能产生多种组合形式,本章无意也无力穷举其全貌。在此仅试图勾勒出这一全新三角关系最有可能对表达自由产生影响的两个方面。

首先,政府机构可能从表达自由的"敌人"变成朋友。鉴于越来越多的"基础设施"由企业掌控,它们同样可能侵犯表达自由,而且其危害严重程度可能并不亚于传统的政府行为。正像弱小的个体公民无力对抗政府一样,在强大的商业巨头面前,分散而孤立的公民在绝大多数时候并无还手之力。如果连 Netflix 这样的企业面对控制基础设施的 Comcast 都只能乖乖交出"买路财",我们显然无法指望个体公民去对抗商业巨头。更何况如果这些商业巨头在基础设施上做的手脚足够"高明"和隐蔽,普通用户甚至都无法察觉;与"简单粗暴"的审

---

[1] Jack Balkin, "Old School/New School Speech Regulation", 127 *Harv. L. Rev.* 2296 (2014).
[2] Jack Balkin, "Old School/New School Speech Regulation", 127 *Harv. L. Rev.* 2296, 2298 (2014).

查相比，公民的表达自由完全可能在不知不觉中就被剥夺了。

在这种时候，千千万万普通公民唯一可以借助的力量只能来自政府。人们需要政府从"消极国家"转向"积极国家"，政府不仅仅需要做到"不干预"；在必要的时候，政府还要扶持、资助和"补贴"言论。① 我们需要政府像推动网络中立原则一样，通过其自身的力量来帮助公民对抗强大的商业巨头。

然而，单是完成理念上的转变就困难重重。"街角发言者"范式、"政府 vs. 个人"的二元对立以及消极政府等理念是如此根深蒂固，它们奠定了美国表达自由深厚的自由放任传统。② 因此，任何关于"政府可以是表达自由的朋友而非敌人"的主张都无异于"灵魂深处闹革命"。很多人无法相信和接受，表达自由竟然需要一直以来的"头号天敌"提供帮助和保护?! 费斯用"表达自由的反讽"来形容这种转变之难。③ 其实真正荒谬和不合理的不是现实，而是某些人头脑中的教条。

桑斯坦则将这种转变视作一场表达自由的"新政"。美国的表达自由必须告别和清算自己的"洛克纳时期"。④

---

① 〔美〕欧文·费斯：《表达自由的反讽》，刘擎、殷莹译，新星出版社，2005，第26~50页。
② 〔美〕罗伯特·波斯特：《民主、专业知识与学术自由：现代国家的第一修正案理论》，左亦鲁译，中国政法大学出版社，2014，第15页。
③ 〔美〕欧文·费斯：《表达自由的反讽》，刘擎、殷莹译，新星出版社，2005，第1~25页。
④ Cass Sunstein, "Free Speech Now", 59 *U. Chi. L. Rev.* 255, 262 (1992).

稍微了解美国宪法和历史的读者都会马上读出桑斯坦这一比喻所隐含的深意。洛克纳案[①]代表了美国以契约自由之名推行经济上自由放任的最高峰。或许这已不是巧合，今天反对网络中立原则的一方，他们所高举的恰好又是契约自由的大旗。[②] 就像当年需要罗斯福和一场新政来彻底涤荡洛克纳案的影响一样，眼前这场表达自由的"新政"同样荆棘遍布、任重道远。

其次，在美国政府"胡萝卜加大棒"的政策下，企业可能沦为政府的打手或帮凶。这同样与网络时代言论"基础设施"的极端重要性有关。在很多时候，即使美国政府的最终目标还是发言者和言论，但政府可能选择去"威逼利诱"控制着基础设施的企业，因为这比直接规制发言者和言论更加有效和隐蔽。[③]

比如在维基解密事件中，阿桑奇本人和维基解密网站的服务器都不在美国境内，除了泄愤似的把泄密人曼宁投入监狱，针对发言者和言论的传统规制手段几乎全部失灵。但真正对阿桑奇构成"致命打击"的，是那些掌控着"基础设施"的私人企业与美国政府配合无比"默契"的行动：几乎是在同一时间，维基解密网站的域名提供商 EveryDNS 停止提供域名解

[①] Lochner v. New York, 198 U. S. 45 (1905).
[②] 对此的批评，见 Susan Crawford, "First Amendment Common Sense", 127 *Harv. L. Rev.* 2243 (2014).
[③] Jack Balkin, "Old School/New School Speech Regulation", 127 *Harv. L. Rev.* 2296, 2306 (2014).

析服务、存储着大量维基解密数据的亚马逊切断了对维基解密的云服务、苹果也把维基解密的App从在线商店下架。此外，MasterCard、Visa以及PayPal等公司也停止了对维基解密网站的服务，使其无法接受来自支持者的捐助。[1] 对阿桑奇和维基解密来说，这些控制着"基础设施"的私人企业的行为才是真正的"釜底抽薪"。

同样，在"棱镜门"丑闻爆发后，于2013年6月6日爆料的英国卫报和华盛顿邮报一共点了微软、雅虎、谷歌、苹果、脸书、Skype、美国在线（AOL）、YouTube以及Paltalk 9家公司的名字。[2] 根据斯诺登最早提供的41张PowerPoint幻灯片，这9家控制着"基础设施"的公司均配合参与了美国政府的"棱镜"监控计划。而根据卫报和格伦·格林沃尔德（Glenn Greenwald）早一天的报道，电信运营商Verizon更是每天都向美国国家安全局提供其用户在国外甚至国内

---

[1] Yochai Benkler, "A Free Irresponsible Press: Wikileaks and the Battle over the Soul of the Networked Fourth Estate", 46 *Harv. C. R-C. L. L. Rev.* 311, 313-314 (2011).

[2] The Washington Post, "U.S., British Intelligence Mining Data from Nine U.S. Internet Companies in Broad Secret Program", http://www.washingtonpost.com/investigations/us-intelligence-mining-data-from-nine-us-internet-companies-in-broad-secret-program/2013/06/06/3a0c0da8-cebf-11e2-8845-d970ccb04497_story.html. The Guardian, laat visited on 15th April, 2019. "NSA Prism Program Taps in to User Data of Apple, Google and Others", http://www.theguardian.com/world/2013/jun/06/us-tech-giants-nsa-data, last visited on 15th April, 2019.

的通讯日志。[1] 而在"棱镜"计划之外,美国国安局还存在 BLARNEY、FAIRVIEW、OAKSTAR 和 STORMBREW 等"上游"监控计划,这些项目更是完全在光纤电缆等"基础设施"的深层运行。[2]

与维基解密相比,斯诺登事件还为我们剖开了互联网时代表达自由(或限制表达自由)的另一个维度:除了控制基础设施,私人企业还掌握着另一项无价的财富——个人数据。在"大数据"时代,很难想象如果这些私人企业交出这些数据或自行对这些数据进行挖掘和分析,对普通公民究竟意味着什么。更令人担忧的是,当政府机构和私人企业"强强联手",普通公民似乎真的毫无还手之力。

4.4 结语:表达自由的"想象力"

在梳理了"街角发言者"范式所受到的挑战和网络时代表达自由发展的趋势后,我们不妨借用美国社会学家 C. 赖特·米尔斯(C. Wright Mills)在 1959 年提出的"社会学的想象力"这一概念,[3] 来谈谈"表达自由的想

---

[1] The Guardian, "NSA Collecting Phone Records of Millions of Verizon Customers Daily", http://www.theguardian.com/world/2013/jun/06/nsa-phone-records-verizon-court-order, last visited on 15th April 2019.
[2] 〔美〕格伦·格林沃尔德:《无处可藏:斯诺登、美国国安局与全球监控》,米拉、王勇译,中信出版社,2014,第 101 页。
[3] 〔美〕C. 赖特·米尔斯:《社会学的想象力》,陈强、张永强译,三联书店,2001。

象力"。

在前网络时代,"街角发言者"范式曾极大地释放和促进了我们对表达自由的想象力。它高度形象、简洁和清晰。无论作为一种理论模型还是历史叙事,"街角发言者"范式都"源于现实而又高于现实",它既可以帮助我们理解现实中复杂的表达自由争议,又能反过来指导人们的实践。

然而,事物总是在不断发展变化。当现实开始超越理论,原本"先进"的理论则会变成想象力的羁绊和束缚。进入网络时代,现实中的表达自由争议变得日益复杂多样。正如美国最高法院近年判决的第一修正案案件所体现的,目前围绕表达自由的"斗争"集中在对竞选经费的规制、[1] 制作和贩售类似斗狗等与动物有关的血腥和残酷视频、[2] 涉及暴力的电子游戏、[3] 反同性恋群体是否可以在阵亡士兵葬礼旁抗议、[4] 联邦通讯委员会对电视直播中出现"脱口而出的脏话"(fleeting expletives)的规制、[5] 国会是否可以立法禁止和惩罚那些谎称自己曾获得军队荣誉勋章的人[6]以及制作蛋糕是否属于言论[7]等。读者不难发现,这些争议复杂、分散且不成体系,甚至

---

[1] Citizens United v. Federal Election Commission, 558 U.S. 310 (2010).
[2] United States v. Stevens, 559 U.S. 460 (2010).
[3] Brown v. Entertainment Merchants Association, 564 U.S. 8 (2011).
[4] Snyder v. Phelps, 562 U.S. 443 (2011).
[5] FCC v. Fox, 567 U.S. 239 (2012).
[6] United States v. Alvarez, 567 U.S. 709 (2012).
[7] Masterpiece Cakeshop v. Colorado Civil Rights Commission, 584 U.S._ (2018).

第四章 旧与新：告别"街角发言者"——网络时代的表达权

有些"非典型"和"非主流"，它们并不符合传统或经典的对表达自由的想象。我们很难继续套用"街角发言者"范式或"申克—布兰登伯格"主线。

面对经典理论的"失灵"和落伍，不少学者和教科书却采取了一种"鸵鸟政策"。巴尔金和列文森在《法律正典》中就曾犀利地指出，面对美国社会最热门和重要的表达自由争议，多数美国主流第一修正案教科书却将其编入"其他问题"一章，只入另册处理。[1] 换言之，这些学者幻想着继续维持经典理论的荣光，在不撼动原有"中心"或经典的前提下，只进行些边边角角的"修补"。可是，当现实中最重要的问题只能算作"其他问题"而"其他问题"却无论是在篇幅还是重要性上都逐渐超越前面的"中心"或"主体"时，人人都清楚"主体"与"其他"、"中心"与"边缘"之间的关系其实已发生倒转。当理论和现实发生冲突，被修正的无疑应是理论，而非现实。

在网络时代，仅靠一套"街角发言者"范式就"走遍天下都不怕"的黄金时代已一去不复返。我们应该直面真实世界中的复杂问题，不应出于对不确定性和复杂性的恐惧而对已经过时的理论抱残守缺。或许我们还能再找到一个像"街角发言者"一样"简单好用"的理论，但也或许永远不能——因为现实已经变得高度技术

---

[1] Jack Balkin & Sanford Levinson (eds.), *Legal Canons*, New York University Press, at 411 (2000).

化和复杂。当务之急在于先"破"后"立"——只有先告别"街角发言者"范式,才有可能重新释放出我们对表达自由的想象力。

第五章 本与变：算法、人工智能与言论

5.1 引言

我们正生活在一个算法社会（an algorithmic society）[1]。与我们生活息息相关的各种经济和社会决策，很多都是通过算法做出的。[2] 由此就有了一种说法："当人们谈论'算法'时，如果把这个词换成'上帝'，意思也不会有什么不同。"[3] 抛去其中戏谑的成分，这种比喻至少抓住了算法的两大特点：无处不在和全知全能（omniscient）。

在一定程度上，算法的确使

---

[1] Jack Balkin, "Free Speech in the Algorithmic Society: Big Data, Private Governance, and New School Speech Regulation", 51 *U. C. D. L. Rev.* 1149, 1153 (2017).

[2] 大数据和人工智能可能是当下最热门的两个概念，两者同样离不开算法。众所周知，大数据包括数据收集和分析两大部分，分析才是真正的关键所在。而若想实现对海量数据的挖掘、分析乃至进一步的画像（profiling）和预测，必须通过算法。人工智能亦是如此。我们目前正经历的人工智能第三波浪潮，其核心是深度学习（deep learning），而深度学习的基础则是大数据和算法。AlphaGo 的"智能"就是建立在两大算法之上的，一是把棋盘上的状态转化成计算获胜概率的数学模型，另一则是蒙特卡洛树搜索（Monte Carlo Tree Search）。

[3] Ian Bogost, "The Cathedral of Computation, The Atlantic", https://www.theatlantic.com/technology/archive/2015/01/the-cathedral-of-computation/384300/, last visited on January 15th, 2015.

它的主要拥有者——商业巨头们——获得了一种近乎上帝的权力。那么，应该如何规制和监督算法？[1] 围绕这一问题的战斗已经开始，但战斗打响的方式却出乎很多人意料。按理说，争论本应围绕如何规制算法和以何种标准规制展开，但半路杀出的一个"程咬金"却改变了战斗的走向和打法，这个"程咬金"就是表达自由。为了抵制规制，商业巨头开始声称算法是一种言论，算法的计算和对结果的呈现是在行使其自身的表达自由。如果以搜索引擎的算法为例，这种主张意味着甲公司在搜索结果中想把你排在什么位置或甚至干脆将你踢出排名，就相当于甲想"说"什么话，这完全是甲的表达自由。从这种意义上说，任何对甲算法的干预（规制）都将变成对甲表达自由的侵犯。

用学者弗兰克·帕斯奎尔（Frank Pasquale）的话说，表达自由已成为算法对抗规制的一张"万能牌"（wild card）。[2] 每个试图规制算法的尝试，都必须先通过"算法是不是言论"或"规制算法是否侵犯表达自由"这道门槛。到目前为止，算法的表达自由主张

---

[1] See Frank Pasquale, "Federal Search Commission-Access, Fairness, and Accountability in the Law of Search", 93 *Cornell L. Rev.* 1149 (2008). Joshua Kroll et al., "Accountable Algorithms", 165 *U. Pa. L. Rev.* 633 (2016). Deven Desai and Joshua Kroll, "Trust But Verify: A Guide to Algorithms and the Law", 31 *Harv. J. L. & Tech.* 1 (2017).

[2] Frank Pasquale, *The Black Box Society: The Secret Algorithms That Control Money and Information*, Harvard University Press, at 165-168 (2016).

取得了全部法庭交锋的胜利。[①] 在法律之外，这张万能牌使算法在政治、舆论和话语权争夺中同样占据制高点。"表达自由"这一前置问题似乎正成为规制算法的一道难以逾越的门槛。

算法的重要性和规制算法的必要性无须赘言。因此，如何认识表达自由这道门槛就显得尤为重要。算法是言论吗？或者说，算法应受表达自由保护吗？这一发问源自美国，但这并非一个纯粹的"美国问题"。谷歌、脸书、苹果、微软和亚马逊等掌握着算法的跨国巨头都不只是简单的"美国公司"，它们会把相似的逻辑、策略和话语带到其商业和技术帝国的每寸疆土。同时，这些逻辑、策略和话语也会被其他巨头在其他地方模仿和使用。简言之，这一"美国"问题可能有潜在甚至相当的普遍意义。

本章将从算法是不是言论切入，第一节引言后，第二节是对美国目前三份有关算法与言论的判决的分析，将呈现表达自由是如何成为算法规制的前置问题并塑造了之后的讨论。第三节把"算法是否受表达自由保护"拆分成两个要件，分别从主体角度（算法是发言者吗？）和客体角度（算法是言论吗？）展开分析。第四节则试图超越上述本质主义的进路，提出从发言者本位还是听众本位思考算法以及强人工智能表达自由问题的可能性。

---

① 见本章第一节。

5.2 问题的提出：搜索王案、兰登案和百度案

5.2.1 搜索王诉谷歌案

在讨论算法规制时，2003年的搜索王诉谷歌案（Search King v. Google）[①]是一个里程碑。它可被称为算法规制第一案，也是算法与表达自由间的张力第一次引起大规模关注。通过该案，问题被聚焦和提出，未来争论的框架和方向大致确定，阵营划分和站队也基本完成。在一定程度上，搜索王案有些类似冷战时期爆发在"边缘"地区的代理人战争：它虽然只发生在俄克拉荷马州的一家地区法院（而非联邦巡回法院或最高法院），但它背后则是两种力量和两大阵营的集结和较量。双方围绕算法规制展开的第一场较量，是以表达自由开始并以表达自由的胜利而告终的。

原告搜索王是一家从事搜索和虚拟主机业务的公司，于1997年在俄克拉荷马州注册。在2002年，搜索王新推出了一种名为"PRAN"（PR Ad Network）的分支业务，其商业模式是帮助客户把广告和链接打到那些在谷歌网页级别（Pagerank）中名次靠前的网

[①] Search King, Inc. v. Google Tech., Inc., No. 02-1457, 2003 WL 21464568 (W.D. Okla. May 27, 2003).

站上去。

争议就是围绕谷歌的网页级别展开。何为网页级别？当用户在谷歌检索某个关键词时，搜索结果会按照一定顺序出现在页面左侧，这个依序出现的结果就是依据网页级别排列的。[1] 网页级别是谷歌搜索算法的核心体现。"Page"一语双关，既取自谷歌创始人之一拉里·佩奇（Larry Page）的姓，也取"网页"或"页面"之意。谷歌按从1到10的标准对网站评分，得分越高说明网页的质量和相关性越好，在检索结果的呈现中排名也就越靠前。[2] 根据我们日常使用搜索引擎的经验，排名靠前的网站大概率会获得绝大多数点击和流量。

搜索王之所以把谷歌告上法庭，原因有二。其一，谷歌降低了搜索王网站的网页级别。从2001年2月至2002年7月，搜索王网站的网页级别一直是第7，最差时还曾降到第8。[3] 但从2002年8月开始，这一数值跌到了4。[4] 其二，谷歌彻底删除了搜索王子业务PRAN的网页级别，

---

[1] 见谷歌官网介绍，https://www.google.com/search/howsearchworks/algorithms/，最后访问日期：2019年4月15日。

[2] 谷歌官网介绍，https://www.google.com/search/howsearchworks/algorithms/，最后访问日期：2019年4月15日。

[3] Search King, Inc. v. Google Tech., Inc., No. 02-1457, 2003 WL 21464568 (W. D. Okla. May 27, 2003), at 4.

[4] Search King, Inc. v. Google Tech., Inc., No. 02-1457, 2003 WL 21464568 (W. D. Okla. May 27, 2003), at 4.

而在此前，PRAN 的网页级别曾经是 2。① 搜索王认为，谷歌是在得知 PRAN 高度依赖网页级别系统营利后有意为之，而网页级别上的降序和删除给自己的生意带来了"无法估量的损失"。②

谷歌毫不避讳自己确实"有意为之"，但提出三点作为抗辩：第一，搜索王和 PRAN 破坏了网页级别的公正性（integrity）；③ 第二，谷歌没有任何义务把搜索王纳入网页级别，或将其排在后者想要的位置；④ 第三，最重要的是，网页级别代表了谷歌的言论（speech），应受表达自由保护。⑤

最终的判决结果是，谷歌关于算法是其表达自由的主张得到了支持。与联邦最高法院动辄长篇大论相比，俄克拉荷马地区法院的判决十分简短。特别是在"算法是否属于言论"的问题上，判决简单到近乎"论断"（assertion）而非"论证"（argument）。

法院首先认为谷歌的网页级别是一种意见（opinion）——"网页排名是一种意见，这种意见关乎一

---

① Search King, Inc. v. Google Tech., Inc., No. 02-1457, 2003 WL 21464568 (W. D. Okla. May 27, 2003), at 4.
② Search King, Inc. v. Google Tech., Inc., No. 02-1457, 2003 WL 21464568 (W. D. Okla. May 27, 2003), at 4.
③ Search King, Inc. v. Google Tech., Inc., No. 02-1457, 2003 WL 21464568 (W. D. Okla. May 27, 2003), at 2.
④ Search King, Inc. v. Google Tech., Inc., No. 02-1457, 2003 WL 21464568 (W. D. Okla. May 27, 2003), at 2.
⑤ Search King, Inc. v. Google Tech., Inc., No. 02-1457, 2003 WL 21464568 (W. D. Okla. May 27, 2003), at 2.

个特定网站对某一检索指令响应的意义"[1]。这里隐含着一种类比,即把搜索过程类比为人与人之间的问答。如果有人问我"北京哪里的烤鸭好吃",我的回答当然是我的意见——因而也是受保护的言论。法院显然认为,搜索算法根据"北京好吃的烤鸭"这一检索指令生成的结果就相当于自然人对"北京哪里的烤鸭好吃"的回答,所以同样应受到保护。在赋予算法表达自由保护的推理中,上述"检索=问答"的类比或想象是最为关键的一步。这样一来,算法的"算"摇身一变为"说"。

法院还把上述认定推而广之,认为所有搜索引擎根据算法生成的结果都是它们发出的言论——"由于每种搜索引擎确定检索结果意义的方法都不同,其他搜索引擎也都在表达各自不同的意见"[2]。就像每个人都有权表达自己的观点一样,每个搜索引擎都有权根据算法"说"出自己的意见。具体到本案,不管谷歌根据算法怎么调整(甚至删掉)搜索王和 PRAN 的网页级别,这都等同于谷歌想如何发表自己的意见,包括搜索王在内的任何人当然不能干涉。

值得注意的是,搜索王案给算法贴上的不仅仅是"言论"更是"意见"的标签。与"言论"相比,被贴

---

[1] Search King, Inc. v. Google Tech., Inc., No. 02-1457, 2003 WL 21464568 (W. D. Okla. May 27, 2003), at 9.

[2] Search King, Inc. v. Google Tech., Inc., No. 02-1457, 2003 WL 21464568 (W. D. Okla. May 27, 2003), at 9.

上"意见"标签让算法可以享受更多豁免。搜索王一方一直主张,哪怕算法属于言论,也可能是虚假和不真实的言论,而不真实的言论同样不应受到保护。但通过把"意见"的身份赋予算法,法院相当于给了算法拥有者一块"免死金牌"。"第一修正案下没有错误的意见。"① 算法作为一种主观的意见,无所谓对错真假。更进一步,搜索王案中法院认为算法是一种具有"公共关切"(public concern)属性的意见。② 根据先例,"只要没有被确证含有错误事实信息,涉及公共关切的意见就受到宪法充分保护。"③ 换言之,举证责任被转移到了搜索王一边。只要谷歌的算法没有被"确证含有错误事实信息",它就是受保护的言论。双方第一回合交锋就这样以算法一方的"完胜"而告终。

5.2.2 兰登诉谷歌案

搜索王案三年后,2006年的兰登诉谷歌案(Langdon v. Google)④ 再次把算法与言论之间的关系推上风口浪尖。

本案的争议同样围绕搜索算法展开。原告克里斯多

---

① Gertz v. Robert Welch, Inc., 418 U.S. 323 (1973).
② Search King, Inc. v. Google Tech., Inc., No. 02-1457, 2003 WL 21464568 (W. D. Okla. May 27, 2003), at 8-9.
③ Search King, Inc. v. Google Tech., Inc., No. 02-1457, 2003 WL 21464568 (W. D. Okla. May 27, 2003), at 9.
④ Christopher Langdon v. Google Inc., et al. 2007 WL 530156, Civ. Act. No. 06-319-JJF (D. Del. February 20, 2007).

夫·兰登（Christopher Langdon）拥有两个网站，其中一个主要是关于北卡罗来纳州官场的腐败和黑幕的信息，不少消息针对时任北卡罗莱纳总检察长的罗伊·库珀（Roy Cooper）。① 兰登把谷歌等公司告上法庭，② 是因为：第一，指责谷歌不允许他在自己的网站刊登广告；第二，谷歌将它的网站从"Roy Cooper"和"总检察长 Roy Cooper"等关键词的检索结果中移除。③ 兰登认为谷歌的行为侵犯了他的利益，但谷歌则辩称由算法决定广告呈现和检索结果是在行使自己的表达自由。

与搜索王案一样，受理本案的特拉华州地区法院支持了谷歌算法属于表达自由的主张。法院指出表达自由既包括说的自由，也包括不说的自由。④ 兰登要求谷歌必须呈现自己网站的广告和将自己的网站排在特定位置，就相当于强迫谷歌必须"说"某些内容。与搜索王案判决的正面进路（谷歌可以"说"什么）不同，兰登案法院的论证是从反面进行的——谷歌不能被强迫"说"什么。借用之前烤鸭的例子，兰登的诉求就相当于我被问到"北京哪里的烤鸭好吃"时，必须说出某家餐厅的名字。但这种类比的前提是：算法对检

---

① Christopher Langdon v. Google Inc., et al. 2007 WL 530156, Civ. Act. No. 06-319-JJF（D. Del. February 20, 2007）.
② 被兰登起诉的除了谷歌，还包括微软、雅虎等公司，限于篇幅和主题，本章对兰登案的讨论聚焦于谷歌。
③ Christopher Langdon v. Google Inc., et al. 2007 WL 530156, Civ. Act. No. 06-319-JJF（D. Del. February 20, 2007）, at 2-3.
④ Christopher Langdon v. Google Inc., et al. 2007 WL 530156, Civ. Act. No. 06-319-JJF（D. Del. February 20, 2007）, at 12-13.

索指令的回应首先必须等同于人在说话。搜索王案的判决虽然简短,但至少对这一问题进行了处理;也许是受搜索王案的影响,兰登案法院则直接把这当作给定的前提接受了。

此外,兰登案还通过对《1996年传播风化法》(CDA)第230条豁免问题的处理,赋予了算法多一重的保护。长期以来,CDA第230条都被视为互联网平台和企业的"护身符"。[①] 在规制传统媒体时,法院遵循的是"权利义务对等"原则,即媒体或平台要想享受"发言者"或"出版者"的权利而去管理或编辑内容,就必须同时承担义务——对经过自己管理和编辑的内容负责。简言之,编辑行为可以等同于"说话",但一旦从"编辑者"变成了"发言者",相关主体就必须对自己的"言论"——编辑过的内容——承担相应责任。报纸就是这一原则最典型的体现。[②] 按照传统法理,谷歌通过算法对内容的选择不是不可以被视为"言论",但如果谷歌获得了"发言者"这一身份,就必须同时对这些内容负责。

但CDA第230条却在一定程度上豁免了谷歌等平台的义务和责任。兰登案涉及的是第230条（c）（2）（A）

[①] 参见拉娜·福鲁哈尔《收回科技大公司的〈免责金牌〉》,FT中文网,http://www.ftchinese.com/story/001074520,最后访问日期:2019年4月15日。

[②] Miami Herald Publishing Co. v. Tornillo, 418 U.S. 241 (1974). 更多讨论见本书第三章。

项,该款规定:"无论是否受到宪法保护,交互式计算机服务的提供者和用户采取行动,限制对淫秽、低俗、猥亵、粗鄙、过度暴力、使人不安或其他令人无法接受的材料的接触时,不应承担责任。"[1] 通过对这一条款的解读,兰登案法院认为谷歌等平台进行内容管理("编辑")时,无须因编辑行为而承担责任。这使算法拥有了一种超越报纸的地位。如本书第三章分析过的,在传统表达自由的法理下,与广播、有线电视等媒体相比,报纸一直享有某种优越地位。"攀附"报纸也一直是互联网巨头和算法支持者最主要的策略之一。[2] 但报纸的权利义务起码是对等的——报纸因编辑行为而获得"发言者"的身份,其代价就是编辑过的内容就变成了报纸自己的言论,从而必须对其负责。但经过搜索王案和兰登案,算法却只有"发言者"的权利而不用承担"发言者"的义务。

因此,兰登案的意义体现在两点:首先,它追随搜索王案,再次确认算法是"说话",享受表达自由的保护;其次,通过对CDA第230条的解读,它又豁免了谷歌因获得"发言者"身份而本应承担的责任。两者放在一起,网络巨头和算法就获得了一种"只有权利没有义务"的特权。[3] 这种法律上的优待是前所未有的。

---

[1] 47 U.S.C. § 230.
[2] 详见本书第三章。
[3] Frank Pasquale, "Federal Search Commission-Access, Fairness, and Accountability in the Law of Search", 93 *Cornell L. Rev.* 1149, 1193 (2008).

5.2.3 张(音)诉百度案

在搜索王案和兰登案后,算法规制与表达自由间的张力又一次爆发是2014年的张(音)诉百度案(Zhang v. Baidu)①。

本案源自几名纽约居民,他们以百度在搜索结果中屏蔽某些内容为由,在纽约南区法院把百度告上了法庭。② 主审法官非常明确地表示,本案直接涉及的先例有且只有两个:它们就是搜索王案和兰登案。③

不出意料,纽约南区法院再次确认搜索算法是受保护的言论。与之前两份判决相比,张(音)诉百度案最大的价值在于:法院明确采用了将算法"比附"成报纸的进路。

法院的核心论证体现在下面这段话:"搜索引擎的核心作用就是从互联网海量数据中抽取相关信息,并以对搜索者最有帮助的方式呈现出来。这样做的话,搜索引擎不可避免地要做出编辑判断,包括什么信息(或哪类信息)应被纳入结果,以及如何和在哪里呈现信息(比如,是在结果的首页还是靠后)……在这些方面,搜索引擎的编辑判断和其他我们所熟悉的编辑判断是高度一致的,比如报纸……"④ 由此,法院认为百度对搜索结果

---

① Zhang v. Baidu, 10 F. Supp. 3d 434, SDNY 2014.
② Zhang v. Baidu, 10 F. Supp. 3d 434, SDNY 2014, at 435-436.
③ Zhang v. Baidu, 10 F. Supp. 3d 434, SDNY 2014, at 436.
④ Zhang v. Baidu, 10 F. Supp. 3d 434, SDNY 2014, at 438.

的干预是履行正常的编辑职能,是受到保护的言论。

"编辑"是判决推理的关键词。传统法理下的等式是"报纸编辑=报纸说话",而现在通过将"算法选择≈报纸编辑",最终实现了"算法选择≈算法说话"的跨越。这可能是算法表达自由主张能找到的最有力的支持。

将搜索王案、兰登案和百度案放在一起,不难发现:首先,三个案件都始于如何规制算法,但表达自由这个"程咬金"的出现,却改变了整个故事的走向。在此之后,规制算法的首要问题不再是如何规制以及用何种标准规制,而必须先迈过"算法是否属于言论"这道坎。"表达自由测试"变成了规制算法的前置程序。其次,算法的表达自由主张在这一组判决中都取得了压倒性的胜利。算法对搜索结果的选择和呈现,被等同于报纸对内容的编辑。三个不同地区的法院在同一问题上如此高度一致、态度坚决,使"表达自由测试"这道门槛变得高到难以逾越。

5.3 问题的展开:算法受表达自由保护吗?

算法是否受表达自由保护?这其实可以被拆解成两个相互关联的子问题:一是主体要件,讨论算法(或程序、电脑和机器)是不是一个可以主张表达自由的主体,简言之,即讨论算法(或程序、电脑和机器)是不是人;二是客体要件,这关乎算法生成的结果是否属于言论

(speech)，即算法或算法的结果是不是"话"。再次借用"街角发言者"这一经典模型，[1] 表达自由的主体要件要求站在肥皂箱上的必须是人，而不能是学舌的鹦鹉或一台录音机；客体要件则要求，站在箱子上的人说的必须是"话"，而不能是含混不清或意义不明的声响。对算法是否受表达自由保护的分析，也可以围绕主体和客体两个要件展开。

5.3.1 表达自由的主体要件：算法是发言者吗？

5.3.1.1 算法反对者：表达自由是"人"的权利

对绝大多数人来说，主张算法是言论是反直觉的。从直觉或常识出发，相信很多人认为表达自由是一项属于人的权利，而算法或机器不是人，因此它们不能享受表达自由。这种"主体不适格"的反对看似朴素，但却十分有力。

在这些讨论中，弗兰肯斯坦是一个被频繁提及的名字。玛丽·雪莱于1818年创作的《弗兰肯斯坦》多被认为是科幻小说的鼻祖。[2] 在小说中，弗兰肯斯坦从无到有地创造了一个怪物，这个怪物比正常人身强力壮，掌握了人类的语言和情感，甚至还喜欢阅读歌德的《少

---

[1] Owen Fiss, "Free Speech and Social Structure", in Owen Fiss, *Liberalism Divided: Freedom of Speech and the Many Uses of State Power*, Westview Press, at 8-30 (1996).

[2] 〔英〕戴维·锡德：《科幻作品》，邵志军译，译林出版社，2017，第3页。

年维特之烦恼》、弥尔顿的《失乐园》和普鲁塔克的《希腊罗马名人传》。① 整部《弗兰肯斯坦》最大的戏剧冲突其实就在于主体问题——弗兰肯斯坦创造出来的这个"怪物"到底算不算一个"人"?

哥大法学院教授吴修铭（Tim Wu）一直反对把表达自由赋予算法和电脑。② 在他看来，算法就是弗兰肯斯坦创造的怪物——"弗兰肯斯坦的怪物可以走路和说话，但它并没有资格去投票"，③ "程序员拥有编程的第一修正案权利，并不等于他所编的程序因此也被赋予这一宪法权利。"④

吴修铭代表了从主体资格方面反对算法有表达自由的一方。在他们看来，表达自由只能属于人，主体资格相当于一票否决权。不管弗兰肯斯坦的怪物多么像人，也不论程序员写出的算法多么智能，由于怪物和算法不是人，它们就永远不能主张享有弗兰肯斯坦和程序员的权利。

"算法不是人所以不应该享有表达自由"的直觉也可

---

① 〔英〕玛丽·雪莱:《弗兰肯斯坦》，孙法理译，译林出版社，2016，第139页。
② Tim Wu, "Free Speech for Computers", *New York Times*, June 20th, 2012, http://www.nytimes.com/2012/06/20/opinion/free-speech-for-computers.html, last visited on April 15th, 2019.
③ Tim Wu, "Free Speech for Computers", *New York Times*, June 20th, 2012, http://www.nytimes.com/2012/06/20/opinion/free-speech-for-computers.html, last visited on April 15th, 2019.
④ Tim Wu, "Free Speech for Computers", *New York Times*, June 20th, 2012, http://www.nytimes.com/2012/06/20/opinion/free-speech-for-computers.html, last visited on April 15th, 2019.

以得到表达自由理论上的支持。三大表达自由理论即思想市场、自治和自主理论之中至少有两个可以对此提供帮助。

深受道德哲学影响的自主理论（autonomy theory）对"主体必须是人"的要求最高。或者说，自主理论自身的逻辑就隐含表达自由只能属于人的内在要求。在自主理论看来，表达自由之所以应得到保护，因为它事关人——这一自主主体——的自我实现和自我满足。[1] 著名自主理论家埃德文·贝克曾指出，表达自由的主体只能是"鲜活的、由血与肉（flesh-and-blood）构成的人，即康德所说必须被视为目的（ends）的人"。[2] 人作为自主主体是自主理论确立表达自由保护正当性的基础。我说故我在，人因为言说才成为人；反之，也只有人才能言说。

因此，自主理论认为只有人——由"血与肉构成"的自然人——才能享有表达自由。算法和电脑不是自然人，它们的"言论"和"表达"无法促进人的自我实现和满足，从而不受表达自由保护。如果严格遵照自主理论的逻辑，不仅仅是算法和机器，公司和组织的言论（如政治捐款）同样不应受到保护，因为

---

[1] See Martin Redish, "Value of Free Speech", 130 *U. Pa. L. Rev.* 591 (1982). David Strauss, "Persuasion, Autonomy, and Freedom of Expression", 91 *Colum. L. Rev.* 334 (1991). C. Edwin Baker, *Human Liberty and Freedom of Speech*, Oxford University Press, 1992.

[2] C. Edwin Baker, "The First Amendment and Commercial Speech", 84 *Ind. L. J.* 981, 987-88 (2009).

拟制的法人同样不是"血与肉构成"、康德意义上的道德主体。

自治理论（self-government theory）在一定程度上也坚持表达自由只能属于人。自治理论关注的重点是投票和自我治理，而进行这些活动的主体只能是自然人，或者说，公民。自治理论因此强调表达自由应为民主自治做贡献，比如通过保护公共对话，选民可以获得更多信息和知识，从而可以更加明智地投票。[1]

吴修铭所说"弗兰肯斯坦的怪物可以走路和说话，但它并没有资格去投票"其实就是从自治理论的角度出发的。更完整的表述或许应是：由于弗兰肯斯坦的怪物没有资格投票，因此尽管它能说话，但它的言论不是表达自由意义上的"言论"。同理，算法或强人工智能哪怕可以发出一般意义上的"言论"，但由于算法和机器不是可以投票的公民，它们的"言论"也就不是表达自由意义上的"言论"。与自主理论关注人的自我实现和满足不同，自治理论侧重公民素质的提高。但"人"都是两种理论的关键，两者都认为表达自由有助于实现人这一主体的某种成长和完善，只不过前者关注的是道德维度，后者则关注政治维度。[2]

---

[1] Alexander Meiklejohn, *Free Speech and Its Relation to Self-Government*, Harper Brothers Publishers, 1948. Alexander Meiklejohn, "The First Amendment Is an Absolute", *Sup Ct. Rev.* 245 (1961).

[2] 〔美〕罗伯特·波斯特：《民主、专业知识与学术自由：现代国家的第一修正案理论》，左亦鲁译，中国政法大学出版社，2014，第11页。

超越"街角发言者"

相比之下，思想市场理论（marketplace of ideas theory）在主体资格上并没设置什么障碍。一个可能的原因是：自主理论和自治理论对表达自由的想象都是高度人格化的，两者都想象存在一个明确的主体——作为道德主体的人和作为政治主体的公民。但这种人格化和对主体的想象并没有出现在思想市场理论中。按照霍姆斯的说法，表达自由是保护一个各种观点可以充分竞争的思想市场，而真理将从中产生。[1]

"观点"和"真理"——而不是"人"——才是思想市场理论的关键词。思想市场理论因此具有"言论不问出处"的倾向——不要求观点或言论必须来自自然人或公民。理论上，其他主体——不管是媒体、公司还是算法和机器，只要能够产出观点，思想市场理论即认为应该允许它们加入竞争。更进一步，思想市场认为表达自由之所以需要保护，是因为其有助于发现真理——而真理是可以脱离主体而客观独立存在的。理论上，只要算法和机器能够促进真理的发现，它们的言论（产出）就应当受到保护。形成鲜明对比的是，自主理论的目的是人的自我满足，自治理论的目的是让公民明智地投票，这两种目的都与"人"密不可分。换言之，自主和自治理论的目的离开人就无法实现，而思想市场理论的目的却无须人的存在。

---

[1] Abrams v. United States, 250 U.S. 616 (1919).

5.3.1.2 算法支持者：人通过算法进行表达

从上述分析不难看出，在围绕"主体要件"的争论上，算法并不占优。相比于正面交锋，算法支持者试图跳出算法主体资格和人格化的争论，不再纠缠于"算法能否类比成人"，而是选择以退为进、另辟蹊径。

他们的策略是：不再纠缠于算法和机器是不是"人"，而是强调算法只是人的工具。[1] 换言之，算法当然不是人，但算法的背后是人，而人需要通过算法来和电脑"说话"。经过这种转化，问题从"算法是不是人"变成了"人通过算法进行的表达是否算言论"？更具体地说，人—算法—言论这组三方关系中，人创造了算法，而算法生成的结果是否属于言论？

反对算法是言论的一方认为，上述三方关系其实应被拆分为两对独立的关系："人—算法"和"算法—言论（结果）"，而只有后一组关系才应被拿来讨论。他们极力淡化"人"的存在，同时突出算法和机器的主动性和自主性。这是一个类似《圣经》创世记的故事，人在创造了算法和程序后就会隐退，剩下具有"自由意志"的算法独立运作。在他们看来，要讨论算法是不是言论，只需要关注"算法—言论（结果）"这一组关系。其中

---

[1] Eugene Volokh, "Freedom of Speech and Information Produced Using Computer Algorithms", http://volokh.com/2012/06/21/freedom-of-speech-and-information-produced-using-computer-algorithms/, last visited on June 21st, 2012.

唯一相关的主体是算法和机器，而不是隐藏在背后的人——因为背后根本就没有人。换言之，问题只能是"算法是不是人"或"算法是不是表达自由的适格主体"，而不应是"人能否通过算法说话"。如吴修铭所说："程序员拥有编程的第一修正案权利，并不等于他所编的程序因此也被赋予这一宪法权利。"① 在算法反对者看来，这里就是在讨论"程序有没有表达自由"，而绝非"程序员有没有表达自由"，后一种表述是偷换概念。

与之形成鲜明对比的是，算法支持者试图把"人—算法—言论"的三元关系变成"人—言论"的二元关系。通过"揭开算法的面纱"，算法的背后其实是人。他们的论证在两方面同时下功夫：一是突出算法言论背后"人"的因素，强调算法只是人的工具；二是淡化"算法"的自主性和主动性。算法和电脑被类比成没有任何自主性的纸和笔，它们只是新的、被人类用来表达的工具。算法支持者的论证可由一组递进的类比来说明。

阶段一：假设张三为了唤起公众对北京空气质量问题的关注并引发更多讨论，选择办一份双周出版的刊物。每期刊物上，张三会从相关讨论中选择十篇质量最高的予以转载。这份出版物无疑属于言论的范畴，体现了张三的主观判断、选择和编辑。这就是第一部分提到的"编辑职能"，张三因自己的编辑行为而成为发言者，他

---

① Tim Wu, "Free Speech for Computers", *New York Times*, June 20th, 2012, http://www.nytimes.com/2012/06/20/opinion/free-speech-for-computers.html, last visited on April 15th, 2019.

编辑的内容也变成了他的言论。

阶段二：看到纸媒的衰落，张三决定办一个网站。与之前的双周刊一样，网站同样关注北京空气质量，仍旧转载和刊登张三认为质量高的文章与讨论。张三网站的内容同样属于言论。如果张三把网站换成微博或微信公众号，亦是如此。虽然张三表达自己言论的工具（从纸笔到软件）和媒介（从纸媒到网络）都发生了改变，但工具和媒介的改变并不改变张三的表达和言论的属性。

阶段三：为了更有效地挑选出最好的内容，同时也为了减轻自己的负担，张三写了一个程序。程序中的算法可以帮他自动检索、抓取和呈现质量最高和最具热度的讨论。张三网站的主题仍然是北京空气质量，但他的检索方式已不再是"人工"浏览和选择文章，而是交由算法"自动"完成。网站的主题（北京空气质量）和目的（推荐该领域最优质的内容）不变，唯一的变化是内容的选择和推荐从人工变为算法"自动"完成。

阶段四：张三网站的例子被推到极致。假设他关于北京空气质量的网站广受好评，他的算法被证明可以筛选出相关领域最有质量的内容。张三决定把算法推广到更广阔的领域，决定做一个可以在一切问题和领域上筛选出最具相关性和高质量内容的网站。无论用户关心的是当地美食、未来房价走势分析还是特朗普"通俄门"调查，张三的网站都会根据内容质量和相关性，依次列出相关的网站链接。不难发现，张三网站的"终极版"，就是我们熟悉的搜索引擎。

阶段一——张三创办的印刷刊物——毫无争议是一个表达自由领域的例子。通过一系列递进，算法支持者想表明从阶段一到阶段四，每一步发生的都是"量变"而非"质变"。无论是纸、笔、印刷机还是电脑和算法，它们只不过是张三表达的工具和媒介。如果张三用笔和纸办刊推荐某一领域内高质量文章的行为属于言论，那为什么张三通过算法推荐一切领域内高质量内容的行为就不是？

阶段三（即张三把算法加入网站）是一个分水岭。如果认为此阶段张三的网站通过算法检索出的内容是言论，则似乎没有十分强有力的逻辑障碍阻止人们承认阶段四也是言论。因为如果用算法选择和呈现一个领域或问题的内容算言论，则似乎没有理由否认用算法去选择和呈现所有领域和问题的内容也是言论。

但是，承认张三网站的第三阶段是言论，的确需要人们在逻辑和理解上实现一个巨大飞跃。绝大多数人都会承认张三的双周刊（"阶段一"）是言论，认为刊登张三"人工"选择内容的网站（"阶段二"）是言论的人也应该不在少数。但从张三把算法加入网站开始（"阶段三"），认同的人会越来越少。虽然纸、笔和算法都可以被看成是工具，但直觉仍告诉大家算法和笔、纸甚至和Microsoft Word等文字处理软件有着根本不同。

算法与笔、纸或Word的不同究竟在哪里？人工和自

第五章 本与变：算法、人工智能与言论

动之间的区别是一个可能的答案。很多人之所以能够承认阶段二仍是言论，一个重要原因就是网站上的内容仍然是张三人工和手动选择的。"人工"和"手动"背后是对"人"的想象，即认为"人工"或"手动"体现了人的主观判断。但所谓"人工"和"自动"的对立在很大程度上也是相对的。手动选择文章的确体现了张三的主观判断、品位和立场，但算法何尝不是张三"主观"的产物？正如法院在搜索王案中所说，每一种算法都是主观的。不同程序员写出来的代码肯定不同，不同公司的算法也会呈现不一样的结果。算法挑选内容不是听天由命般的买彩票或抽签，而是近于张三雇用了一位助理，并告诉这位助理应按照何种标准去选择内容。按照自己主观的标准去选择和编辑内容就是言论，为什么把自己的主观标准写入算法，然后由算法去选择和编辑内容就一定不是言论？简言之，算法是体现了人主观判断（而不是算法独立判断和智能）的工具，人只是借助算法来"说话"而已。

但总体而言，在有关表达自由主体资格的讨论中，优势不在算法一边。无论是理论上还是常识上，人们都倾向于认为"算法（或机器、电脑）不是人"从而不能享受表达自由保护。算法支持者正是看到了自己在主体资格问题上的劣势，才选择强调"算法只是人表达的工具"。一方面，这相当于默认"只有人才有表达自由"和"算法不是人"；但另一方面，他们也聪明地回避掉了

主体问题，并把争论逐渐引向了对客体问题——什么是言论——的讨论。

5.3.2 表达自由的客体要件：算法是言论吗？

接下来考察客体要件，即算法或算法生成的结果是否属于"言论"。根据"街角发言者"模型，理论上只有同时符合主体和客体两个要件才能受到表达自由的保护，两者缺一不可，是并列关系。但近年来美国社会却出现了这样一种趋势：表达自由的保护重点逐渐从保护发言者（speaker）转向保护言论（speech）。在波士顿第一国民银行诉贝洛蒂案[1]中，最高法院宣称："无论是来自公司、组织、工会还是个人，言论因可以使公众知情而具有的价值并不依附于言论的来源。"[2] 在公民联盟诉联邦选举委员会案中，斯卡利亚进一步阐明了上述立场："第一修正案写的是'言论'，而不是'发言者'。第一修正案的文字不支持对任何一类发言者的排除……"[3]

换言之，伴随着从"发言者"向"言论"的转化，主体和客体要件的并列关系变成了替代关系。客体要件逐渐成为表达自由关注的中心。如果说围绕主体要件的讨论总体上是不利于算法的，客体要件的情况则正好相反。表达自由理论和实践的发展，是站在算法这边的。

---

[1] First National Bank of Boston v. Bellotti, 435 U.S. 765 (1978).
[2] First National Bank of Boston v. Bellotti, 435 U.S. 765, 777 (1978).
[3] Citizens United v. Federal Election Commission, 558 U.S. 310, 392 - 393 (2010).

第五章 本与变：算法、人工智能与言论

算法是不是言论？回答这一问题，涉及对"什么是言论"这一"元问题"的追问。不仅仅是在算法上，在整个对表达自由的思考中，本质主义一直是一种重要的进路：法官、学者和法律一直试图通过定义何为"言论本身"（speech as such），来确定表达自由的覆盖和保护范围。①

但这种尝试却并不轻松。一种进路是区分"表达"（expression）和"行为"（conduct），认为前者应受保护而后者不能。②但什么又是"表达"或"行为"呢？这只会陷入新一轮的定义循环。另一种进路则以斯宾塞诉华盛顿案③所强调的"观点的交流"为代表。在该案中，最高法院认为"言论"是指"存在传达某一特定信息的意图，而且周围环境中接收到该信息的人也非常有可能理解这一信息"④。但正如学者所批评的，斯宾塞案对言论的定义同样存在问题。恐怖分子制造自杀式袭击当然是为了传递特定的信息，周围的人无疑也都能理解这些信息，但这并不能导致自杀式袭击受到表达自由的覆盖或保护。⑤另外，波洛克的油画、勋伯格的音乐和路易斯·卡莱尔在《爱丽丝漫游仙境》中创造

---

① 〔美〕罗伯特·波斯特：《民主、专业知识与学术自由：现代国家的第一修正案理论》，左亦鲁译，中国政法大学出版社，2014，第6~7页。
② Thomas Emerson, *The System of Freedom of Expression*, Random House, at 8-9 (1970).
③ Spence v. Washington, 418 U. S. 405 (1974).
④ Spence v. Washington, 418 U. S. 405 (1974).
⑤ 〔美〕罗伯特·波斯特：《民主、专业知识与学术自由：现代国家的第一修正案理论》，左亦鲁译，中国政法大学出版社，2014，第7~8页。

的"jabberwocky",却可能因为"难以被信息接受者理解"而被排除在言论之外。[1] 罗伯特·波斯特曾言,言论的定义"不是只要贴上'观点'或'言论本身'这一类标签就可以确定的。"[2] 换言之,试图通过给"言论"下定义来"一揽子"解决表达自由问题似乎注定难以成功。

具体到算法是否属于言论,争议集中在两点:一是算法的结果本质上是否更接近对信息的计算、汇聚和排列,而不是传统意义上的说和表达;二是算法、程序和电脑的机器或"非人"因素是否使其丧失言论属性。

5.3.2.1 算法与报纸:编辑等于言论

算法的反对者通常主张,搜索引擎只是一个消极的平台或管道(conduit),而非主动的发言者。算法并不产生任何原创内容,而只是挑选和汇总别人的内容。[3] 算法对此的回应则是将自己类比成报纸。如搜索王案、兰登案和百度案三份判决书所体现的,算法的表达自由主张之所以得到法院的支持,核心就在于法院认可了"算法选择≈报纸编辑=报纸说话≈算法说话"这一推理链条。

算法支持者最仰仗的先例就是1974年的迈阿密先驱

---

[1] Hurley v. Irish-American Gay, Lesbian and Bisexual Group of Boston, Inc., 515 US 557 (1995).

[2] 〔美〕罗伯特·波斯特:《民主、专业知识与学术自由:现代国家的第一修正案理论》,左亦鲁译,中国政法大学出版社,2014,第9页。

[3] James Grimmelmann, "Speech Engines", 98 *Minn. L. Rev.* 868, 880-885 (2013).

报诉托尼罗案。[①] 该案争议源自佛罗里达州关于"回应权"的规定,该规定要求:如果任何一家报纸上出现对某位候选人的攻击,则候选人有权要求报纸以相似的版面、篇幅和形式刊登他(她)的回应。[②] 最高法院最终全体一致认为,因为侵犯了报纸的编辑职能,佛罗里达州"回应权"侵犯了报纸的表达自由。判决最重要的一点是,强调报纸对内容(可能来自记者、读者投稿或约稿等)的选择和呈现就相当于报纸在"说话"。换言之,托尼罗案是"报纸编辑=报纸说话"或"编辑=言论"的开始。在此之后的司法实践中,"编辑职能"、"编辑裁量"和"编辑判断"等词语一旦出现,即往往意味着表达自由保护的获得。

与"编辑=言论"相关,报纸和托尼罗案对算法的另一帮助是对"平台说"的回应。就像反对者主张算法只是平台一样,当年报纸的反对者也极力主张报纸只是汇集和呈现别人言论的平台。但最高法院明确表示:"报纸绝不仅仅是接收新闻、评论和广告的消极的容器或渠道。"[③] 报纸因具有对内容的编辑功能而使自己从消极的平台成为积极的发言者。在 1995 年的一份判决中,最高法院援引托尼罗案更直截了当地宣告:"第一修正案并不要求每位发言者在每次交流中都产出原创内容……报纸

[①] Miami Herald Publishing Co. v. Tornillo, 418 U.S. 241, 418 (1974). 更多讨论见本书第三章。
[②] Miami Herald Publishing Co. v. Tornillo, 418 U.S. 241 (1974).
[③] Miami Herald Publishing Co. v. Tornillo, 418 U.S. 241 (1974).

的评论版通常是将他人言论进行编辑性汇总,而这当然落在第一修正案保护的核心。"①

无论是从逻辑推理上还是现实效果方面,"比附"报纸编辑都是算法最有力的论据。在搜索引擎看来,算法对第三方内容的抓取、排序和呈现就相当于报纸编辑对稿件的选择和判断。谷歌工程师在一些场合中就曾主张,用户使用谷歌和他们看报纸所追求的目的是一样的,都是冲着两者的"编辑判断"而来。② 人们看纽约时报和华盛顿邮报是冲着编辑的眼光、立场和品位;人们在使用谷歌进行搜索时,同样是因为谷歌算法的品质。人们视纽约时报刊登的内容为纽约时报的言论,因为这里面体现了编辑对报道什么内容、如何报道,哪些放在头版,如何设计配图、版式和字体等一系列问题的判断,这里面所包含的心血、劳动和主观因素已经足以使这些内容变成纽约时报自己的言论。同样,搜索引擎对算法的设计、编写、优化和运营也进行了大量的、主观的投入,这同样应该让算法成为"言论"。

在判例和推理上占不到便宜的反对者,只有从直觉和常识出发。在他们看来,纽约时报上的报道或评论虽然可能是第三方所为,但人们仍然会说:你有没有看到

---

① Hurley v. Irish-American Gay, Lesbian and Bisexual Group of Boston, Inc., 515 US 557, 570 (1995).
② See Steven Levy, "TED 2011: The 'Panda' That Hates Farms: A Q&A with Google's Top Search Engineers", *Wired News*, March 3, 2011, https://www.wired.com/2011/03/the-panda-that-hates-farms/, last visited on April 15th, 2019.

今天纽约时报上关于某某问题的文章?但至少目前为止,人们不会说:你有没有看到今天谷歌或百度关于某某问题的文章?[1] 反对者认为,这种日常对话反映了一种朴素的认识——普通人并不把算法的结果视为他们的言论。但遗憾的是,法理和判例并未站在直觉和常识这边。

5.3.2.2 算法与游戏:机器、智能和自动等因素的影响

算法面临的第二个障碍是:程序和电脑所包含的自动、机器和"非人"成分是否会阻却算法言论属性的获得。[2] 还是以张三为例,多数人都认可张三网站的第二阶段——张三把关于北京空气质量的双周刊搬到网上的行为——属于言论,因为虽然借助了电脑、网络和网页制作软件,但这些工具中自动、机器的成分并没有压倒张三本人判断和行为中"人"的成分。但是,当张三把算法加入网站(阶段三)后,多数人开始对这是否仍算言论画上问号。为什么会有这种不同?与电脑和一般软件相比,算法似乎具有更多自动性和智能性。在不少人看来,这开始压倒张三言论中"人"的成分。如果我们想象存在一个光谱,光谱的一端是最纯粹的机器性而另一端是最纯粹的人性,则在算法反对者看来,如果说在

---

[1] Tim Wu, "Machine Speech", 161 *U. Pa. L. Rev.* 1495, 1528 (2013).
[2] Eugene Volokh and Donald Falk, "Google: First Amendment Protection for Search Engine Search Results", 8 *J. L. Econ. & Pol'y* 883, 890–891 (2011).

Word 和 WPS 这里仍旧是人性压倒机器性，那么算法则已经滑向了机器性的极端。

作为回应，算法支持者这次拿来"比附"的是电子游戏。在 2011 年的布朗诉娱乐商人协会案①中，最高法院宣布："在将宪法适用于不断变化的技术时，无论遇到何种挑战，'言论和新闻自由的基本原则都不应随着新的、不同沟通媒介的出现而改变'。"② 这意味着，当新的技术或媒介出现时，不论它是电子游戏还是搜索引擎或算法，保护应是常态而不受保护才是例外。

斯卡利亚接下来写道："像先于游戏受到保护的书籍、戏剧和电影一样，电子游戏通过很多我们熟悉的工具（比如文字、对话、情节和音乐）和独具特点的媒介（比如玩家与虚拟世界的互动）交流观点以及一些社会信息。这足以赋予电子游戏以第一修正案保护。"③ 可以说，这是一种非常"斯宾塞式"的进路，即认为"交流观点"使电子游戏应受到表达自由的保护。

游戏程序的机器和智能成分使其具有高度的互动性。游戏反对者正是以"互动性"为突破口，强调游戏不同于报纸、书籍和电视从而不应受到保护。但在最高法院看来，"互动性"并非什么新鲜事物。斯卡利亚指出，以 1969 年出版的《你的冒险：甘蔗岛》（*The Adventures of You: Sugarcane Island*）为标志，允许读者自行选择阅读

---

① Brown v. Entertainment Merchants Association, 564 U.S. 786 (2011).
② Brown v. Entertainment Merchants Association, 564 U.S. 786 (2011).
③ Brown v. Entertainment Merchants Association, 564 U.S. 786 (2011).

第五章 本与变：算法、人工智能与言论

顺序和情节走向的童书已经是具有"互动性"的媒介。[1]法庭意见还提到了波斯纳在另一份关于电子游戏判决中的意见，在波斯纳看来，所有文学都是互动的："越好的文学，互动性越强。文学把读者成功地引入故事，使他们认同角色，邀请他们评判角色并与之争论，体验角色的快乐和痛苦。"[2]

应该看到，布朗案对算法的支持远不如托尼罗案那么直接有力。但算法支持者之所以如此仰仗布朗案，主要出于两个原因。首先是"举重以明轻"。游戏算法要比搜索算法中"人"的因素更少，而机器性和自动性更强。如果说搜索算法只是对检索指令的回应，游戏则涉及故事走向、人机和玩家间互动、美工设计和音乐等。如果"非人"成分更多的电子游戏都能受到保护，则没有理由在表达自由保护的范围中排除搜索算法。其次则是"举轻以明重"。最高法院认为游戏与文学、戏剧和音乐一样，是传播和交流观点的新媒介。算法支持者紧紧抓住这一点，主张搜索引擎在传播和交流观点上要比电子游戏明显得多。既然电子游戏已经因此获得了保护，算法同样应被视为言论。

算法在客体问题上所占据的优势，很大程度上并不是纯粹理论和逻辑的胜利，而是源自现实。换言之，并

---

[1] Brown v. Entertainment Merchants Association, 564 U.S. 786 (2011).
[2] American Amusement Machine Assn. v. Kendrick, 244 F. 3d 572, 577 (CA7 2001).

非表达自由理论倾向于把算法纳入保护，而是因为实践中已经有大量非传统、非典型的表达或行为被视作"言论"，这种"滑坡效应"使得对算法的保护很难被阻挡。表达自由的历史就是一部扩张的历史。[①] 言论的内容、形式和边界已被极大地拓展。这首先体现在"言论"的内容不断扩张，在政治言论之外，非政治言论、艺术作品、色情文艺、冒犯性言论、虚假事实陈述和仇恨言论等都被美国社会逐渐纳入言论自由的覆盖甚至保护之中。其次，"言论"的形式和边界也被不断颠覆。烧征兵卡、烧国旗、烧十字架、政治捐款、对艺术作品的资助、电子游戏乃至制作蛋糕也纷纷被美国社会"表达自由化"了。在这种趋势下，既然已经有这么多不像言论的行为和表达被认定为"言论"，算法也就变得不那么"离经叛道"了。

5.4 问题的延伸：发言者本位、听众本位与强人工智能的言论

前文围绕主体和客体要件展开的讨论，在很大程度上遵循的是本质主义的进路。它假定事物存在唯一本质，并且这一本质是可被探求和把握的。然而，在"什么是发言者"和"什么是言论"这样的问题上，真的存在所

[①] Stuart Minor Benjamin, "Algorithms and Speech", 161 *U. Pa. L. Rev.* 1445, 1456 (2013).

谓"本质"吗？更进一步，即便这种本质是存在的，本质主义进路有助于我们解决算法是否应受表达自由保护这样的现实问题吗？

一种实用主义的进路开始出现。[1] 借用波斯纳的定义，这种进路通过"成本—收益、权衡（balancing）"在可能的后果中选择比较。[2] 不同于本质主义，实用主义的进路不再纠结何为发言者和言论，而是直面真实世界中的成本—收益分析和利益衡量。在算法是否应受表达自由保护这一问题上，一种办法就是在发言者本位（speaker-based）和听众本位（listener-based）间进行选择。[3]

先看发言者本位。如"街角发言者"范式所示，传统上对表达自由的想象是发言者本位的。表达自由的首要关切是保护站在肥皂箱上的发言者，而不是保护站在周围听他演说的听众。"说"——而非"听"——才是关键。"说"则必然涉及"谁在说"——表达自由是一项属于人的权利，站在肥皂箱上的必须是一个有血有肉的人。因此，发言者本位会在主体资格问题上持一种原

---

[1] See Toni Massaro and Helen Norton, "Siri-Ously? Free Speech Rights and Artificial Intelligence", 110 *Nw. U. L. Rev.* 1169（2015）. Toni Massaro, Helen Norton and Margot Kaminski, "SIRI-OUSLY 2.0: What Artificial Intelligence Reveals about the First Amendment", 101 *Minn. L. Rev.* 2481（2016）.

[2] 〔美〕理查德·波斯纳：《目的与后果：第一修正案的分析》，载《法律、实用主义与民主》，凌斌等译，中国政法大学出版社，2005，第414页。

[3] Toni Massaro and Helen Norton, "Siri-Ously? Free Speech Rights and Artificial Intelligence", 110 *Nw. U. L. Rev.* 1169, 1175-1186（2015）.

教旨主义的立场——发言者只能是有血有肉的人,也只有人的言论才应受到保护。只要是人的表达,不管多么抽象和非典型(如勋伯格的音乐、波洛克的油画甚至糕点师傅做的蛋糕),都更有可能被认定为言论;反之,只要表达不是来自人,无论其多么清晰和接近"观点的交流",都容易因主体资格问题而被"一票否决"。

站在发言者本位,电脑和程序显然不是"血与肉构成"的人,因此算法很难获得保护。借用街角发言者和肥皂箱的比喻,算法就相当于把一台电脑放到了肥皂箱上,哪怕这台电脑可以发声,但由于它不是人,其衍生出的算法和程序也就无法作为言论受到保护。在发言者本位下,算法要想获得保护只有一种途径,即证明它有助于促进自然人的表达。算法支持者主张"算法只是人进行表达的工具"就是遵循这一逻辑。但从严格的发言者本位出发,算法和人之间的这种联系还是太间接和牵强了。再者,正如下面在论述强人工智能时要分析的,算法所具有的智能性使其有可能与自然人构成某种替代和竞争关系。换言之,保护算法的言论反而有可能伤害发言者的利益。因此,发言者本位倾向于不认可算法享有表达自由。

但听众本位则倾向于赋予算法表达自由保护。听众本位在一定程度上是伴随着大众媒体时代的到来而兴起的。[①] 在著名的红狮案中,面对广播这一新兴大众媒体,

---

① 更多讨论见本书第三章。

第五章 本与变：算法、人工智能与言论

最高法院的意见代表了对听众本位最早的表述："作为整体的人民（people as a whole）享有无线电广播上表达自由的利益……最重要的是，表达自由是观众和听众——而不是广播者——的权利。"[①] 简单来说，在大众媒体的时代，听众——而非发言者——可能才是普通公民更真实的身份。"受众"、"注意力稀缺"、"注意力经济"和"接近权"等概念的出现也佐证了上述趋势[②]：相对被动的听众、观众和读者才是大众在现实中的角色。站在听众的立场上，听众本位更关注公民能否接收到更多的言论或获取更多信息，而不是言论从哪里发出。

听众本位"言论不问出处"的导向使它不再执着于发言者的主体资格，而是聚焦言论内容的质量。照此逻辑，一些人的言论虽然在语言学意义上毫无争议地属于"言论"，但如果这些言论对其他听众没有价值和意义，那么就不值得受到保护。如米克尔约翰所言："不是所有的话都被说出，而是所有值得被说的话都说了出来。"[③] 另外，一些表达和内容如果对听众有意义，那么无论其来自哪里，都理应受到保护。将听众本位推到极致，如

---

① Red Lion Broadcasting Co. v. Federal Communications Commission, 395 U. S. 367 (1969).

② See Tim Wu, *The Attention Merchants*: *The Epic Scramble to Get Inside Our Heads*, New York, Vintage (2017). Thomas Davenport and John Beck, *The Attention Economy*: *Understanding the New Currency of Business*, Harvard Business Review Press (2001). Jerome Barron, "Access to the Press—A New First Amendment Right", 80 *Harv. L. Rev.* 1641 (1966).

③ Alexander Meiklejohn, *Political Freedom*: *The Constitutional Powers of the People*, Santa Barbara: Greenwood Pub Group, at 26 (1960).

果一只猴子或鹦鹉说出的"话"对人类是有价值的（而不是简单学舌），那猴子和鹦鹉的"话"同样可以受到保护。于是，听众本位为保护算法（以及其他任何非人主体）的言论打开了一道门——只要这些非人主体（不管是算法、鹦鹉、强人工智能还是外星人）的言论能够被证明是有益于人类听众的，那么它们就应当受到保护。

作为算法表达自由问题的延伸，"发言者本位 vs. 听众本位"对思考强人工智能（Strong AI）的言论是否应受保护同样可以提供借鉴。强人工智能即通用型人工智能（Artificial General Intelligence，简称 AGI），它是相对于"专用型人工智能"（Applied AI）等形式的弱人工智能而言的，其基本可以胜任人类目前的所有工作。[①]《终结者》和《机械姬》（Ex Machina）等科幻作品中智能和体力都不逊于甚至优于人类的"机器人"可以算作强人工智能的一种。引发埃隆·马斯克、霍金和 Open AI 等组织担忧的、可能取代人类的，也是强人工智能。[②]

有关强人工智能的表达自由争议仍旧围绕着"人"与"非人"展开。与算法相比，强人工智能在"人"与"非人"间可能更具张力。从"人"的角度看，强人工智能无论是智能上还是外形上都更接近（甚至超过）人。

[①] 更多讨论，参见李开复、王咏刚《人工智能》，文化发展出版社，2017，第112~115页。腾讯研究院等：《人工智能：国家人工智能战略行动抓手》，中国人民大学出版社，2017，第14~16页。

[②] See Miles Brundage et al., "The Malicious Use of Artificial Intelligence: Forecasting, Prevention, and Mitigation", https://maliciousaireport.com/, last visited on April 15th, 2019.

对绝大多数人来说，认为谷歌和百度的算法等同于说话是反直觉和反经验的。但强人工智能到来的那一天，当一个无论外形、语言还是声音都与人类一模一样的"机器人"与你交谈时，直觉和经验可能都会告诉你这是一个"人"在"说话"。

但如果考察"非人"的一面，强人工智能背后仍旧是算法、数据、机器和电脑。换言之，强人工智能仍然不是人。而且与相对"简陋"和"半自动"的搜索引擎算法相比，强人工智能更加智能和"像人"的背后其实是更多的自动性和自主性，这反而意味着更多的"非人"因素。

强人工智能的言论是否应受到表达自由的保护？我们当然可以仍旧采取本质主义的进路，从主体与客体两方面去探讨强人工智能是否满足表达自由的要件。但就像希求通过本质主义解决算法的表达自由问题一样，这种进路难免会再一次落入"无底洞"。从客体的角度来看，强人工智能的言论无论从内容上还是形式上，都与人类最标准和典型的言论难以区分。甚至无须强人工智能的到来，今天苹果的 Siri、亚马逊的 Alexa、百度的度秘、微软小冰和谷歌的 Allo 都已无限接近这一点。在美国社会，这些表达无疑要比算法、政治捐款以及很多象征性行为更像"言论"。但从主体要件来看，这种看法又会形成新的分裂。一方面，假设强人工智能通过了图灵测试，那么这些从外观、思维和情感方面都与人类无异的主体，为什么不能被看成是"人"？但另一方面，如果坚持只有"血与肉"构成的主体才是"人"，那么无论强人工智能多么像人，不是人就永远不是人。而这种追问又会陷入"什么是人"和"什么是言论"的新一轮解释学循环。

但"发言者本位 vs. 听众本位"的实用主义进路至少有助于跳出上述循环。如果选择发言者本位，表达自由的保护对象就是有血有肉的自然人的表达，无论强人工智能多么"能说会道"，由于它无法直接服务于自然人的表达利益（甚至还可能形成竞争和替代），因此它们的言论不应受到保护。但如果站在听众本位的角度，则有价值的信息和言论对听众越多越好，因此，强人工智能的言论只要能够被证明对人类是有意义和价值的，就应该受到表达自由的保护。照此逻辑，甚至强人工智能之间的对话只要是对人类听众是有价值的，同样应该受到保护。[①]

5.5 结语

本章讨论了算法规制的一个前置问题——算法是否受表达自由保护。以主体要件（什么是发言者）和客体要件（什么是言论）为线索和框架，文章分析梳理了支

[①] Toni Massaro, Helen Norton and Margot Kaminski, "SIRI-OUSLY 2.0: What Artificial Intelligence Reveals about the First Amendment", 101 Minn. L. Rev. 2481, 2494（2016）.

持和反对方的立场和逻辑,并探讨了用"发言者本位还是听众本位"的实用主义进路超越现有本质主义进路的可能。本章无意否认或轻视本质主义讨论在智识上的贡献,只是想强调在面对新技术产生的法律问题时,除了概念阐释和逻辑推理,有时也需要直面现实中的利益衡量并做出选择。如霍姆斯所说:"这样的事情真的像战场一样,那里没有能一劳永逸地做出决断的办法。"[①] 最后,说到超越和选择,如果说在美国"表达自由作为算法规制的前置问题"已是木已成舟;那么在其他地方,理论和实践上是否还有必要遵循这种"路径依赖"和"议程设定",这同样是一个值得我们思考的问题。

[①] 〔美〕小奥利弗·温德尔·霍姆斯:《法律的道路》,载《霍姆斯读本:论文与公共演讲选集》,刘思达译,上海三联书店,2009,第 24 页。

后　记

我清楚地记得这一切是怎样开始的。2008年的春天，在我本科毕业论文即将完成之际，赵晓力老师一天跟我说："你本科论文做了布朗案和平等，接下来可以考虑做第一修正案和言论自由。""好。"我答道。没想到，就这样开始了一段旅程。

一晃十多年过去了。其间，我从清华园去了纽黑文，现在又回到了与清华园一街之隔的燕园。自己的身份也从学生变成了老师。十多年间，不少事都已改变。但言论自由——更准确地说，言论自由理论——一直是自己的关怀和冲动所在。这本书，算是这段旅程的一个见证和纪念。

我首先想谢谢赵晓力老师。能在大一第一天的第一节课上，就遇到刚刚调来清华的晓力老师，是我所经历的诸多缘分中最美妙的之一。应该也就是从第一次office hour开始，在清华的七年时间里，我几乎每周都会和赵老师在他明理楼五层那间拥挤的办公室里聊上半天甚至

后记

一整天。他一支接一支地抽烟,我一支接一支地吸二手烟,走出办公室时一身烟味但内心澎湃,顶着点点星光一路骑回宿舍。赵老师和他的办公室,构成了我的又一所大学。在那里,赵老师为我点了一盏灯,开了一扇门。透过那扇门,"正走过这一年龄的夜晚"的我,看见了"里头一闪而过的舞蹈"。

如今我自己也踏上了这条路。每当自己有所懈怠和怀疑,总会想回到赵老师的办公室。当我又坐在办公桌对面那把非常不舒服的黑色折叠椅上,当赵老师点起第一支烟,我总会重新找到那光和火。

按照时空顺序,接下来是我在耶鲁法学院的老师们:葛维宝(Paul Gewirtz)教授、蔡美儿(Amy Chua)教授、迈克尔·威士尼(Michael Wishnie)教授、杰克·巴尔金(Jack Balkin)教授、欧文·费斯(Owen Fiss)教授、罗伯特·波斯特(Robert Post)教授和当时在耶鲁访问的桑福德·列文森(Sanford Levinson)教授。费斯教授在2011年的退休演讲中曾提到保罗·西蒙(Paul Simon)的一首歌——《历经风雨,依旧疯狂》(Still Crazy After All These Years)。在纽黑文,除了知识,我同样收获了激情、纯粹和勇气(无论智识还是道德上);在未来的旅途中,希望自己可以永远保持这份"疯狂"。

我还想感谢北大法学院的领导、老师和同事们,特别是陈端洪、王锡锌教授以及宪法和行政法研究中心的各位老师。兜兜转转,能回到青少年时期度过无数时光的燕园,并从事自己热爱的工作,让我每天都生活在幸福和充实之中。此外,感谢冯象、甘阳、苏力、王晨光、王振民老师和所有教过我、帮助过我的师长。

常有人用"孤独"形容学术之路,但我却从未有过这种感觉,或许是因为一直有志同道合的朋友同行。感谢丁晓东、刘晗、李一达、沈伟伟、田雷、阎天、张泰苏、章永乐和其他"无形的学院"的成员,是你们让我有了共同体的感觉。社会科学文献出版社总编杨群老师和李晨女士在整个出版过程中给予我大量的支持和帮助,在此一并表示感谢。

感谢我的父母,带给我爱、信任和快乐,他们的存在就给我最大的力量。最后,我想把这本书献给我的姥姥和姥爷。我对于文字和声音最早的记忆,是姥姥用山西榆社口音普通话讲给我的故事,我今天能完成自己的第一本书,姥姥是这一切的开始。而从姥爷那里,我学到了什么是正直、善良和对国家与民族的信念。

书稿完成,算是这段旅程的结束。但一切才刚刚开始,我还会在这条路上继续走下去。正如《我爱我家》片尾曲所唱:

"光阴的眼中你我只是一段插曲

当明天成为昨天

昨天成为记忆的片段

……

内心的平安那才是永远。"

左亦鲁
2019 年 7 月于纽黑文

图书在版编目(CIP)数据

超越"街角发言者":表达权的边缘与中心 / 左亦鲁著. -- 北京:社会科学文献出版社,2020.5(2021.5重印)
 ISBN 978-7-5201-6039-1

Ⅰ.①超… Ⅱ.①左… Ⅲ.①公民权-研究 Ⅳ.①D911.04

中国版本图书馆 CIP 数据核字(2020)第 014559 号

超越"街角发言者"
——表达权的边缘与中心

著　　者 / 左亦鲁

出 版 人 / 王利民
责任编辑 / 李　晨
文稿编辑 / 马明亮

出　　版 / 社会科学文献出版社·政法传媒分社(010)59367156
　　　　　 地址:北京市北三环中路甲 29 号院华龙大厦　邮编:100029
　　　　　 网址:www.ssap.com.cn
发　　行 / 市场营销中心(010)59367081　59367083
印　　装 / 三河市东方印刷有限公司

规　　格 / 开 本:889mm × 1194mm　1/32
　　　　　 印 张:8.25　字 数:158 千字
版　　次 / 2020 年 5 月第 1 版　2021 年 5 月第 2 次印刷
书　　号 / ISBN 978-7-5201-6039-1
定　　价 / 79.00 元

本书如有印装质量问题,请与读者服务中心(010-59367028)联系

版权所有 翻印必究